図書館実習 Q&A

著

川原亜希世
中道　厚子
前川　和子
横山　桂

日本図書館協会

Q&A on library fieldwork

図書館実習 Q&A ／ 川原亜希世［ほか］著. ― 東京 ： 日本図書館協会, 2013. ― 97p ； 26cm. ― ISBN978-4-8204-1302-8

t1. トショカン　ジッシュウ　キュー　アンド　エー　a1. カワハラ, アキヨ　a2. ナカミチ, アツコ　a3. マエカワ, カズコ　a4. ヨコヤマ, カツラ
s1. 図書館教育　①010.77

目 次

はじめに　6

1. 専門職養成教育と実習 …………………………………………………… 9

2. Q＆A ………………………………………………………………… 14

2.1 関係者共通編 ……………………………………………………………… 14

- Q1 　図書館実習はどのような流れで行われますか ……………………………… 14
- Q2 　実習生を受け入れたことがある公立図書館はどれほどありますか ……… 15
- Q3 　実習図書館と大学との事前の手続きと打ち合わせはどのようなものですか … 16
- Q4 　実習前に学生はどのような予備知識を身につけておくべきでしょうか …… 17
- Q5 　実習する学生の保険加入について教えてください …………………………… 18
- Q6 　実習の時期はいつが適当でしょうか …………………………………………… 19
- Q7 　実習の期間はどれほどの日数（時間）が必要でしょうか …………………… 20
- Q8 　実習の内容について教えてください …………………………………………… 21
- Q9 　実習図書館から実習生の報告をもらう場合，どのような内容が必要でしょうか …… 22
- Q10　図書館実習において起こりうるトラブルとその対処について教えてください …… 23
- Q11　図書館実習は学生の図書館への就職に結びつくのでしょうか …………… 24

2.2 司書課程教員編 …………………………………………………………… 25

- Q12　「図書館実習」を開講することによる大学のメリットは何でしょうか …… 25
- Q13　図書館実習を行っている大学の司書課程はどれほどありますか ………… 26
- Q14　実習図書館は，どのようにして確保したらよいのですか ………………… 27
- Q15　専任教員が1名しかいなくても，あるいは司書課程の受講生数が多くても，「図書館実習」を開講できるでしょうか …… 29
- Q16　大学（司書課程）における図書館実習の流れはどのようなものでしょうか … 30
- Q17　実習前の学生への指導（説明会など）はどのように行ったらよいでしょうか …… 33
- Q18　図書館実習の指導のために用意すべき学生向けの資料はどのようなものですか …… 34
- Q19　司書課程として学生に実習を許可する条件はどのようなものでしょうか …… 35
- Q20　実習期間中に教員は実習図書館に出向く必要があるでしょうか ………… 35

- Q21　学生にはどのような形で実習の報告を求めたらよいのでしょうか……… 36
- Q22　「図書館実習」の科目としての基準や成績評価の方法について教えてください……… 36
- Q23　実習図書館へのお礼について教えてください……… 37

2.3　司書課程学生編……… 38
- Q24　司書課程の学生にとって「図書館実習」を履修するメリットは何ですか……… 38
- Q25　自分の大学の司書課程に「図書館実習」の科目がなくても，図書館業務の体験学習をすることができますか……… 40
- Q26　「図書館実習」の実習先は，どのようにして探せばよいのでしょうか……… 41
- Q27　実習に対する心構えと，実習前にすべきことを教えてください……… 41
- Q28　実習の時の服装や持ち物について教えてください……… 42
- Q29　実習中の注意事項としてはどのようなものがありますか……… 43
- Q30　実習生は実習終了後にも何かすべきことがありますか……… 44

2.4　公立図書館編……… 45
- Q31　図書館が実習生を受け入れるメリットは何でしょうか……… 45
- Q32　職員数の少ない図書館でも実習生を受け入れることは可能でしょうか……… 46
- Q33　実習生の受け入れを業務の一環として位置づけるべきでしょうか……… 47
- Q34　受け入れる実習生に条件を設けることはできますか……… 47
- Q35　実習生を指導するのはどのような職員が適当でしょうか……… 48
- Q36　実習生受け入れの流れはどのようになっていますか……… 49
- Q37　実習生の受け入れと指導のためのマニュアルは必要でしょうか……… 51
- Q38　実習生のためにどのような資料を作成しておくべきでしょうか……… 51
- Q39　実習生受け入れのPRは必要でしょうか……… 52

3. サンプル集……… 54
1. 図書館実習の手順とスケジュール……… 54
2. 実習可能図書館一覧……… 56
3. 実習希望調査票……… 57
4. 覚書（合意文書）……… 58
5. 図書館実習事前調査票……… 59
6. 図書館実習連絡先リスト……… 61
7. 実習に関する注意事項（司書課程用）……… 62
8. 実習に関する注意事項（図書館用）……… 64
9. 図書館実習出席簿……… 66
10. 図書館実習日誌……… 67

11	お礼状について	69
12	図書館実習報告書	70
13	図書館実習評価用紙	71

4. 参考資料 …… 72

 諸外国における図書館実習の実施状況といくつかの事例 …… 72
 公立図書館における図書館実習受け入れの現状 …… 88

おわりに　96

はじめに

　私たちは2007年以来，図書館実習について，実習生を送り出す司書課程側と，それを受け入れる公立図書館側に分けて現状調査を行ってきました[1]。あわせて図書館実習の意義・目的，その歴史や外国の状況などについて共同研究を続けてきました。司書課程側の調査は，全国の大学・短期大学の実習の実施状況について，3回にわたってアンケートを実施し，いくつかの大学を訪問してインタビューを行いました。公立図書館側の調査は，実習生の受け入れと指導について，2回のアンケートを実施しました。それらの結果はおおむね図書館関係の雑誌に発表してきましたが，文献として残っていない調査結果もあります。

　2009年2月，文部科学省より『司書資格取得のために大学において履修すべき図書館に関する科目の在り方について（報告）』が発表されました。その中で「図書館実習」が2012年度から実施される新カリキュラムにおける選択科目の一つとなりました[2]。

　当時，すでに図書館実習を，司書課程の科目として実施している大学・短期大学は少なくありませんでした。しかし，このカリキュラム改訂を契機として，今後さらに実施校が増えると予想され，その傾向は，私たちの司書課程を対象とした第3回目のアンケートの結果にも現れていました。また，公立図書館を対象とした第1回目のアンケートの結果から，思いがけないほど多くの公立図書館が，実習生の受け入れについて積極的な姿勢を示していることも明らかになっていました。

　これらの事実から，新たに図書館実習を科目として始める司書課程の教員にとって，また実習生を新たに受け入れる公立図書館にとって，平均的あるいは標準的な，実習のありようを示す本を刊行することは有益に違いないと，私たちは考えました。それはまた，すでに図書館実習を実施している大学や，実習生を受け入れている公立図書館にとっても参考になるものと思われます。

　このような意図をもった本書は，読みやすく実務に役立つものになるようにとの観点から，書式（フォーマット）のサンプルを加えたＱ＆Ａ形式にしてあります。サンプルはそのままコピーして使用することができます。なお，これらのサンプルのフォーマットを日本図書館協会のホームページで公開する予定です。必要に応じて変更してご活用いただけます。

　構成としては，冒頭の「専門職養成教育と実習」の部分で図書館実習に関するいくつかの基本的な事項を述べ，本編のＱ＆Ａの部分で実習を実施するにあたっての具体的な事項を取り上げています。ここでは，実習生を送り出す大学・短期大学の司書課程，実習生，実習生を指導する図書館を直接的な関係3者とし，それぞれに固有のＱ＆Ａのほか，関係3者に共通のＱ＆Ａを別立てにしました。

　本書の中心部は，全部で39項目からなる図書館実習に関する質問と，それに対する簡

潔な回答，および詳しい解説からなります。回答と解説は，日本の図書館実習の現状を中心に据えつつ，私たちが共同研究で得た知見を加味したものとなっています。実習生を受け入れる図書館については，公立図書館を念頭に置き，表現もその線に沿ってはいますが，他の館種の参考にもなるのではないかと期待しています。

なお，本書では，大学・短期大学の司書課程等が，図書館の協力を得て授業の一環として実施する実習を図書館実習とします。科目名が「図書館実習」となっていない場合でも，その実態が図書館へ出向いての実習であれば，図書館実習とみなしています。

また，インターンシップについては，「インターンシップの推進に当たっての基本的考え方」（平成9年9月18日，文部省・通商産業省・労働省）にある定義「インターンシップとは，一般的には，学生が企業等において実習・研修的な就業体験をする制度のこと」と同じ考えに立っています[3]。つまり，インターンシップを，専門職資格の取得と連動するとは限らない，産学連携による人材育成の試みの一種として，幅広く捉えています。

本書は，全国の大学と図書館で図書館実習にたずさわってこられた方々，私たちのアンケートへ回答を寄せてくださった方々，訪問インタビューに快く応じてくださった方々，求めに応じて資料を送ってくださった方々の，ご協力なしには成立しえませんでした。したがって本書は，これらの方々と私たちとの，いわば共著のようなものだと考えています。あらためて諸兄姉に厚くお礼を申し上げる次第です。

本書が図書館実習実施のための一助となり，実施に踏み切る司書課程と図書館が少しでも増えるならば，私たちにとってこれにまさる喜びはありません。

注・参照

(1) 調査の経過

- 2007年 7月　図書館実習実施状況の全国調査（往復はがきによるアンケート調査）
  司書課程を開講する219校が対象
- 2007年12月　近畿地区図書館学科協議会で「司書課程における図書館実習の現状：学生を通じて図書館現場と司書課程を結ぶ可能性」を報告
- 2008年 1月　図書館実習の内容を調査（アンケート調査）
  前回調査で図書館実習を実施していると回答した43校が対象
- 2008年 3月　図書館実習を支える仕組みと実習の効果を調査（インタビュー調査）
  前回調査で実習生が20名以上と回答した大学・短大から5校が対象
- 2008年12月　近畿地区図書館学科協議会で「司書課程における図書館実習の現状：実習実施状況調査の結果概要」を報告
- 2009年 9月　『図書館界』61(3)に「司書課程における図書館実習の現状」を掲載
- 2009年 9月　公立図書館における図書館実習受け入れ状況の全国調査（往復はがきによるアンケート調査）
  全国の公立図書館がある1365自治体の図書館が対象
- 2010年 4月　公立図書館における図書館実習受け入れの内容を調査（アンケート調査）
  前回調査で2008・2009年度に図書館実習を受け入れた（受け入れる予定である）と回答した320自治体の図書館が対象
- 2010年 5月　『図書館雑誌』104(5)に「公立図書館における図書館実習受け入れの現状」を掲載

　　　　2010 年　8 月　公立図書館の図書館実習マニュアルの収集
　　　　　　　　　　　　前回調査でマニュアルの提供が可能と回答した 43 自治体の図書館が対象
　　　　2010 年　9 月　近畿地区図書館学科協議会で「公立図書館における図書館実習受け入れの現状」を報告
（2）これからの図書館の在り方検討協力者会議『司書資格取得のために大学において履修すべき図書館に関する科目の在り方について（報告）』文部科学省これからの図書館の在り方検討協力者会議，2009.2 〈http://www.mext.go.jp/component/b_menu/shingi/toushin/_icsFiles/afieldfile/2009/09/16/1243331_2.pdf〉（accessed 2012.12.22）
（3）文部省・通商産業省・労働省「インターンシップの推進に当たっての基本的考え方」厚生労働省，1997.9 〈http://www.mhlw.go.jp/stf/shingi/2r9852000002b9xq-att/2r9852000002ba3w.pdf〉（accessed 2012.12.22）

1. 専門職養成教育と実習

(1) 専門的な職業に関する資格制度

　国や各職種の関連機関（多くは職能団体，専門家集団）は，専門的な仕事に就く人に資格を与えることによって，社会に安心や安全，一定水準以上の仕事・サービスなどを保証しています。この実務家の資質を保証するシステムは同時に，社会に貢献できる安定的または排他的な職業に就くことを目指す人たちの自己啓発目標ともなっています。

　国家・社会や関連団体等が専門職の資格を認める仕組みはさまざまです。この仕組みの違いは，専門職の職場における判断・処置・対応が生命や健康，権利や財産の保全などにかかわる度合い，危機管理やサービス提供をそれぞれの専門職がまっとうするために必要な能力の内容，専門職をめざす人たちが受けるべき教育，国や関連団体等が専門職と認定する方法と教育レベル，その専門職の資質保証を行う主体（国，地方自治体，関連団体など）とその責任分担のあり方，などに起因します。

　資格を与える側は，専門職の資質保証を確実にするために，①国家試験，②養成教育機関の認定，③実務経験や研修の義務化などの方法を採り入れ，この3種のうちの複数を組み合わせて実施している例もあります。

　国家試験は単純明快な方法で，日本では医療や法曹の世界で行われており，国の代わりにその職業の関連団体が行っている場合もあります。専門職を養成する機関を関連団体等が認定する方法は，アメリカやイギリスの図書館界で採用されています。

　実務経験や研修の義務化は，専門職の養成教育が通常の教室だけでは完結しない例が少なくないため，多くの職種で採用されています。その方法としては，教育課程のカリキュラムの中への現場実習の導入，国家試験の前後における現場研修や実務経験の義務づけなどがあります。

　このようなハードルをクリアして資格を得た人は，キャリアを通じて経験を積むとともに，研鑽を重ねて練達の実務家として成長していきます。この枠組みが関連法令の条文や関連団体の倫理綱領の類に盛り込まれているのが，いわゆる専門職の世界なのです。

(2) 専門職の養成・認定における実習

　専門職の養成教育は一般に通常の教室のみでは完結しません。つまり，ほとんどすべての専門職は，資格を取得する過程のいずれかの段階で実習や現場研修，実務経験を必須の要件としているのです。職種によって時期，期間，方法などに違いはあるものの，その理由はおおむね次のとおりです。

　まず，専門職においては基盤となる知識・理論とともに，実践力が要求されるからです。

この場合の実践力とは，現場で起こる事例を的確に判断し，正確・迅速に問題を処理・解決する能力のことです。生起する可能性のある事例を大学等の教室で模擬的に再現し，そこで実践力をきたえることもあながち不可能ではありませんが，現実界には専門職の従事者が向き合う完全に同一の対象物も対象者も存在せず，ときには事態が切迫し，対象との関係が緊張をはらむ時空で事が進んでいきます。このような現場を実習によって体験することは，現実の一度限りの状況に身をゆだね，自己の責任において何かを成し遂げようと努力することにほかなりません。

　次に，専門職に限ったことではないのですが，多くの職場では，さまざまな業務やサービスを種類と難度の階層によって分け，全体として体系化した中で職務を遂行します。このような分業関係においては，それぞれの仕事の相互関連性をよく理解し，コミュニケーションやチームワークを十分にとることが不可欠です。この種のことがらは，教室で話を聞いても理解したつもりになるだけのことが多く，実際に現場で経験するほうがはるかに得心するものです。

　実習は，周知のとおりさまざまな職業教育において行われています。たとえば，調理師を養成する学校では専用の実習設備を備えて実習が行われており，服飾関係の養成学校においても実習が課程に組み込まれています。そのほか，農業や園芸，漁業や航海，機械や電気などの分野において実習教育が行われています。これらの多くでは，職業に直結する理論と技術を教えますが，どちらかといえば比重が技術の習得に置かれているために，実習の施設・設備が養成機関内に設置されている場合が多いのです。

　では，高等教育機関における専門職養成カリキュラムが含む実習の条件として，どのようなことが考えられるでしょうか。それらは，①教室や演習室などの通常の教育施設以外の，特定職業の現場（職場）で行われること，②その現場で就労中の専門家（専門職の実務家）が指導・監督すること，③模擬体験ではなく，現実の体験であること，などです。

　職場で説明を受けながら見学や観察を行う研修にもそれなりの意味はあり，その種の職場研修はさまざまな職種で実施されていますが，これらは実習とは本質的に異なるものです。なぜなら，実習とは，現実の職場空間においてのっぴきならない状況と向き合い，自己の責任で対象と切り結ぶ経験をすることだからです。

(3) 実習の目的と意義
① 理論・技術の現場での確認・応用

　しばしば指摘されていることですが，実習の目的の一つは，大学等の教育機関で教えられた知識・理論・技術を実際の職場で体験し，それらが教わったとおりであるか否かを現実の具体的な事例によって確認することです。また，実習生は，現場では理論がどのように実務に生かされ応用できるのかを，自らの体験と職場の観察などを通じて確認します。言い換えれば実習は，専門職の養成教育において，大学等の教育現場と実務の現場との協働・統合という意味合いをもちます。

したがって，実務現場で実習の指導にあたる人には条件があります。すなわち，いずれの専門職種においても，実習指導者は当該資格をもち，それなりの実務経験をもっていなければならないということです。

② 教授の困難な事項の感得

先に見たとおり，大学等の教育機関では，学生たちが将来に就労するであろう待ったなしの現場状況に身をゆだねることができません。できるのは，せいぜい擬似的・模擬的な課題を想定した訓練だけです。ところが，実際の職場では，専門職・非専門職の人たちがチームワークを組み，連携をとりながら同僚・対象者・対象物との相互関係の中で，日々の仕事に取り組んでいます。この意思疎通を含む関係性，それぞれの分担者の責任の度合い，関係する人たちの影響力の強弱，職業意識や使命感などは，大学等の教育機関で教えられることはあっても，十分に感得することができないものです。このような「場」の状況と関係性を感得し，それに触発されることも，個々の仕事そのものを実践的に体験することと同様にきわめて重要なことです。

③ 実習生の人間的な成長

人間は幼児教育から高等教育にいたるまでのすべての教育課程において，未知のことがらを知ろうとし，できなかったことをできるようになろうと努め，未経験のことがらを経験して，一歩ずつ成長していきます。ほとんどの場合，この教科教育の過程は，個々の児童・生徒・学生にとって日々の挑戦ではありますが，教室で教師によって導かれる，危機管理のゆきとどいた中での挑戦でもあります。

これに対して，専門職の養成課程における実習は，いわば住み慣れた環境からの，一時的にもせよ異界への旅立ちです。実習生は，想像していたけれども実際には知らなかった職場環境，そこでの仕事，そこで活躍する人たち，その対象者と対象物などを総合的に観察するとともに，みずからもその環境の中で新しい人間関係を築き，未体験の事象の処理に挑戦するわけです。

このとき実習生は，ときにはその職業・資格の意義ややりがいを再確認して感動し，すぐれた職場と職業人との出会いによって，自分の将来のベクトルを定めるにいたります。すなわち，実習という一職種への旅を終えた実習生の多くが，自己変革を遂げて人間的に成長するのです。

④ 実習生による適性の判断

当該専門職の現場で実習をすることで，学生は「就職しやすい」,「給料がよい」,「安定した」職業などという安易な気持ちを改める一方，稀にはその仕事が自分に向いていないことを知るにいたります。また，実習は，専門の分化している職業（医師・建築士など）の中で実習生がいずれの分野に適性をもっているかを判断するのにも役立ちます。

⑤ 実習の副次的メリット

専門職の養成教育における実習には，実習生の育成という直接的な目的・意義のほかに，教育機関と実習生を受け入れる機関の双方にとって間接的・副次的なメリットがあります。

その枠組みを総合的に考えれば，次のような効能があると言えるでしょう。

まず，養成教育機関と実習機関との人的ネットワークが形成され強化されていきます。すなわち，大学等と実習機関との絆が張り巡らされ，実習機関から専門家を大学等の授業のゲストスピーカーや非常勤講師などとして招くことが容易となり，その良好な関係を維持していけば，将来的に適切な専門家を専任の教員として採用することも可能となります。実習機関としても研修会等の講師やパネラーとして，大学等の教員を招きやすくなり，双方の情報共有が少しずつ進んでいくでしょう。

また，実習機関にとっては，受け入れた実習生の中から優れた人を採用する可能性が広がりますが，この点は，実習機関だけでなく学生と大学等を含めた3者にとってメリットがあります。特に実習機関にとっては，採用試験では簡単にわからない人物評価を行うことができるという意味で実習は貴重です。

(4) わが国の図書館実習の経過

日本における最初の図書館に関する法規であった図書館令は，1899（明治32）年11月に公布されました。しかしこの法律には，図書館職員の養成についての規定はありませんでした。

日本の図書館専門職員の養成教育が法律で定められたのは，1950（昭和25）年4月の図書館法および同年10月の図書館法施行規則の公布のときです。この両者はその後いくたびか改正され，ようやく2009（平成21）年の改正によって，「図書館実習」が司書資格を取るためのカリキュラムの中で，選択科目として法的に位置づけられました。

さて，日本で最初の図書館員になるための学校ができたのは，1921（大正10）年のことでした。それが東京上野に設けられた文部省図書館員教習所（4年後に，図書館講習所と改称）で，そこでは実習が採り入れられていました。

戦後にできた図書館法では，公共図書館の専門的職員である司書の資格は，講習か，大学の授業を受けて取得するよう定められました。しかし，この年に定められた司書講習のカリキュラム（省令科目）には，「図書館実習」の科目はありませんでした。

1951（昭和26）年4月に創設された日本図書館学校（Japan Library School, 後の慶應義塾大学文学部図書館学科）は，カリキュラム（全20科目）の中に，必修科目として「実習と見学」4単位を設け，わが国の大学教育における図書館実習のさきがけとなりました。以後，図書館実習をカリキュラムに含める大学は，少しずつ増えていきました。ですが，その傾向が司書課程の主流となることはありませんでした。この間，図書館実習を行っている司書課程の担当教員や，図書館関係団体を中心に，省令科目の中に実習を組み込むべきであるという意見表明が，繰り返しなされていました。

2009（平成21）年2月，これからの図書館の在り方検討協力者会議による，『司書資格取得のために大学において履修すべき図書館に関する科目の在り方について（報告）』が発表されました。改正科目は必修11科目22単位，選択2科目2単位，合計13科目24単位

で，この時ようやく「図書館実習」は選択科目の1つ（1単位）になりました。

近年（1980年代後半以降）の図書館実習実施大学数の推移については，Q13を参照してください。

2. Q&A

2.1 関係者共通編

Q1 ▷ 図書館実習はどのような流れで行われますか
A1 ▷ 図書館実習は,「事前学習→実習実施→事後学習→成績評価」の流れで実施されます。

　図書館実習の流れは,「事前学習→実習実施→事後学習→成績評価」が軸となります。大学によって違いがありますが,一般的には下表のような流れが考えられます。

　この図書館実習の流れでは,前年度の実習修了者報告会で,次の実習希望者が先輩の体験を聞くところから始まっています。トラブルの発生を避け,よりよい図書館実習を実現するには,下表のように事前学習から成績評価まで,大学・学生・実習図書館のそれぞれがすべきことに前向きに取り組むことが望まれます。その詳細については,下表の参照欄にあげている各項目を確認してください。

図書館実習の流れ

	時期の目安	大学（司書課程）内容	参照	学生 内容	参照	実習図書館 内容	参照
事前学習 履修以前	（前年度）	（実習修了者報告会）		（実習希望者参加）		事業計画 実施計画	Q33 Q36
	4月	実習希望者説明会	Q17 Q19	実習内容を聞き,実習するかどうかを検討	Q24	指導マニュアルや資料の作成・改訂	Q37 Q38
履修以後	5月	実習決定者説明会	Q17 Q18	実習先選択・依頼	Q26	大学（学生）からの依頼への対応	Q31 Q32 Q34
	6月	実習直前説明会	Q17	実習実施の準備	Q27 Q28	実習関連書類の取り交わし	Q3 Q36
実習実施	7月	実習先訪問	Q16 Q20	実習実施	Q29 Q30	実習生指導	Q8 Q35 Q37 Q38
	8月						
	9月						
事後学習	10月			実習報告書作成	Q30	実習評価を大学へ	Q9
	11月						
	12月	実習修了者報告会	Q21	次年度実習希望者も参加	Q30	実習生受け入れのPR	Q39
成績評価	1月	実習者成績提出（通年の場合）	Q22				
	2月						
	3月	次年度の日程掲示					

14

> **Q2** ⇨ 実習生を受け入れたことがある公立図書館はどれほどありますか
> **A2** ◻ 2009年の調査では,図書館のある自治体の約3分の2は,実習生を受け入れた経験がありました。

公立図書館における図書館実習生の受け入れに関する調査(2009年,実質的に全国のすべての公立図書館を対象,回収率78.1%)によりますと,回答した都道府県立と政令指定都市立の図書館は100%の受け入れ実績があります。東京23区の図書館は84.2%,市立図書館は76.7%に受け入れ実績がありました[1]。

実習生の受け入れ実績

設置自治体	回答数	ある	ない	分からない	「ある」の割合
都道府県	44	44	0	0	100.0%
政令指定都市	15	15	0	0	100.0%
東京23区	19	16	3	0	84.2%
市	606	465	129	12	76.7%
町	357	146	195	16	40.9%
村	25	3	18	4	12.0%
合計	1,066	689	345	32	64.6%

実習生を受け入れた時期 (複数回答可。2009年度は予定を含む)

設置自治体	調査対象	～2007年度	2008年度	2009年度	無記入
都道府県	44	41	26	26	0
政令指定都市	15	12	10	12	1
東京23区	16	11	9	10	1
市	465	402	170	156	2
町	146	128	21	32	2
村	3	3	0	0	0
合計	689	597	236	236	6

実習生を受け入れた時期がずいぶん古い図書館もありますが,受け入れ実績のある自治体の約3分の1は,2009年度の時点でも実習生を受け入れています(予定を含む)。

なお,この調査で実習生を受け入れたことがない自治体の図書館に,その理由をたずねたところ,84.3%が「依頼されたことがない」からと答えています。

> Q3 ⇨ 実習図書館と大学との事前の手続きと打ち合わせはどのようなものですか
> A3 ⇨ おおむね次のような手続きと打合せが行われます。①「実習可能図書館一覧」の作成，②大学から実習図書館への打診・依頼，③実習図書館から大学への検討結果（承諾）の伝達，④日程・実習内容等についての実習図書館と大学の協議，⑤合意文書の作成，です。

解説

① 「実習可能図書館一覧」の作成

大学はあらかじめ過年度と新規の実習図書館に内諾を得て「実習可能図書館一覧」（サンプル2）を作成し，学生に情報提供します。一覧には，各実習図書館の受け入れ条件，受け入れ可能な期間，日数，人数と，昨年度受け入れ実績（人数）などを載せます。「一覧」から学生は実習を希望する図書館を選びます（「実習希望調査票」（サンプル3））。

なお，実習図書館を学生が新規開拓する方法もあります。

② 大学から実習図書館への打診・依頼

学生が，「一覧」から，もしくは自らの新規開拓によって実習図書館を選んだ後，大学はそれらの図書館へ依頼状を出します。その際，実習図書館から大学への承諾書の返送をお願いするため返信用の封筒を同封します。

③ 実習図書館から大学への検討結果（承諾）の伝達

打診・依頼を受けた図書館は，条件に合致するか否かを確認し，受け入れが可能であれば承諾書を大学へ送ります。

④ 日程・実習内容等についての実習図書館と大学の協議

実習図書館と大学は，具体的な事項について事前の打ち合わせを行います。その際に双方が確認すべき事項は，実習の期間と時間，実習内容，実習図書館の実習指導者もしくは担当者，学生の評価の方法，トラブルの際の連絡方法，学生の保険，謝礼などについてです。

⑤ 合意文書の作成

打ち合わせ後，実習図書館と大学は合意文書を作成しますが，この文書には実習生の氏名をも入れ，実習図書館，教員，学生が押印して3者が保持します。合意文書（覚書）についてはサンプル4を参照してください。

Q4 ▷ 実習前に学生はどのような予備知識を身につけておくべきでしょうか
A4 □ 実習で必要になるのは，①図書館のサービスや業務に関する基本的な知識と，②実習図書館の方針・特徴などです。

① 図書館のサービスや業務に関する基本的な知識

　実習図書館の担当者は，実習生にサービスや業務について説明します。このとき実習生に図書館に関する知識が欠けていれば，十分なコミュニケーションがとれず，実習の効果が半減します。しかも，担当者は苛立ちや徒労感を抱かざるを得ません。

　そこで，実習図書館が事前に実習生に対して，『日本十進分類法』の第1次・第2次区分を頭に入れておくことや，『図書館の設置及び運営上の望ましい基準』などを事前に読んでおくよう指示するケースもあります。

　したがって，学生が実習前に司書課程科目をある程度履修していることが必要になります（Q19参照）。

② 実習図書館の方針・特徴

　実習生は，実習図書館について事前に情報収集をします。実習図書館が大学や実習生の自宅近くにある場合，実習前に見学し，利用案内や図書館報をもらってきます。そして，見学と集めた資料から，その実習図書館が行っているサービスにどのようなものがあり，どのような特徴があるのか，調べておきます。もし利用案内等の中に，よく知らないサービスや用語が含まれていた場合は，必ずその内容や意味を調べて確認しておきます。

　「実習先が遠い」などの理由で，実習生が事前に見学できない場合でも，実習図書館のホームページや，『日本の図書館』などの統計資料を使って，事前調査をすることができます。実習図書館について新聞記事や雑誌記事を検索すると，貴重な情報が手に入るかもしれません。大学から実習図書館に前もって利用案内や図書館報，統計・報告書などの資料の提供を求め，それらを実習図書館の選択や，実習の事前学習の資料として学生に提供することも考えられます。実習図書館に関する調査の内容は，サンプル5「図書館実習事前調査票」を参考にしてください。

　実習を始めて2年目以降の大学なら，前年度までの学生の実習日誌や実習報告書を，実習前の学生に参考資料として提供すると，それが事前学習のよい材料になります。

> **Q5 ⇨ 実習する学生の保険加入について教えてください**
>
> **A5** この種の保険には①学生教育研究災害傷害保険（学研災）と②学研災付帯賠償責任保険（学研賠）のように，学生が受けた被害を補償するものと学生が損害を与えたことを補償する2種類の保険があります。
>
> 　その加入状況は，大学が保険料を負担し入学時に全員が加入する場合や，学生が費用を負担し任意に加入する場合など，大学によって異なります。実習に出る学生がこの種の保険に加入していない場合は，万が一に備え，③学生が保険に加入する仕組みを用意する必要があります。

　実習生が傷害保険と賠償責任保険に加入していることは，実習図書館・実習生・大学3者にとって大切です。

① 　学生教育研究災害傷害保険（学研災）

　これは，学生が教育研究活動中にこうむった災害に対して，必要な給付を受けられる保険です。キャンパスの内外（正課・課外活動中）で傷害事故にあった場合に適用されます。この保険の加入者は後者の学研災付帯賠償責任保険（学研賠）にも加入できます。

② 　学研災付帯賠償責任保険（学研賠）

　こちらは学生が正課・大学の行事・課外活動等において，他人に怪我をさせたり，他人の器物を損壊して法律上の損害賠償責任を負わざるを得なくなった場合の損害を補償するものです。

③ 　学生が保険に加入する仕組み

　学生の保険料を大学が負担するのであれば，事前に保険料の予算化などの準備が必要です。学生から実習費を徴収する場合は，その金額に保険料を組み込んでおくこともできます。

　大学にすでに，実習やインターンシップ等の保険を取り扱う窓口（たとえば学生課）があれば，実習前の説明会で，必須手続きとして保険加入の窓口と手続きを説明しておきます。もし窓口がない場合は，学生個々で保険加入できるよう保険会社の情報を提供するなどの配慮が必要です。

　図書館実習に関して，実習図書館と大学とが合意文書などを作成する場合は，学生の保険加入に関する条項を含めるべきでしょう。

> **Q6** ⇨ **実習の時期はいつが適当でしょうか**
> **A6** ⇨ **実習の時期（日程）は，実習図書館，学生，大学3者の事情を考慮して決定しなければなりません。**

　実習の時期・日程は，実習図書館，学生，大学3者にとって重要な問題です。実習図書館にとって，繁忙期や人事異動，大切な行事の時期などでの実習生受け入れは避けたいところです。学生は，実習が授業や試験の期間と重なると，それらが受けられなくなります。また上級生の場合は就職活動等への影響も考えられます。大学は，単位を与える科目として実習を実施する場合，成績処理の都合上，春季休暇中の実習ではその結果を当該年度の成績に反映させることはできません。

　こうした事情から，現実には8月と9月を中心とする大学の夏季休暇中に，最も頻繁に実習が行われています。ただし，全国の実習生を受け入れたことがある図書館を対象とした調査では，すべての月で実習が行われていましたし，受け入れも可能であるという回答が得られています[2]。

図書館が実習生の受け入れを可能と答えた月（2010年現在。複数回答可。有効回答数252）

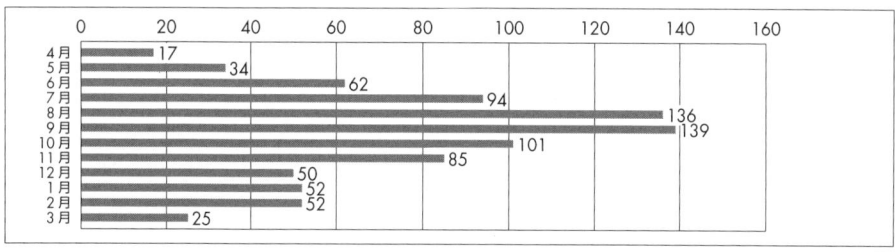

実際に実習が実施されている月（2010年現在。複数回答可。有効回答数252）

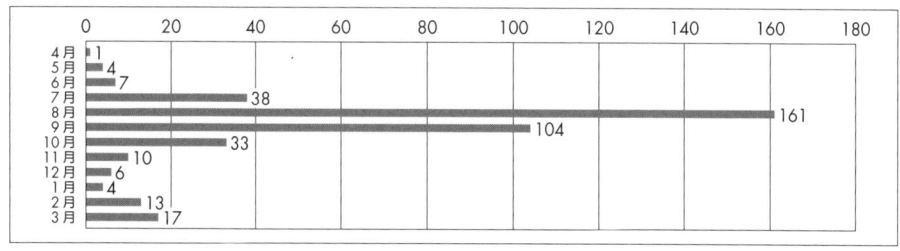

　8月のピークとその前後1か月が，全体の76.1％を占めています。実習の期間が短い場合は，学生の授業への影響が小さいため，学期の途中や冬季休暇中などにも実習が行われています。

　実習生を慣例的に受け入れている実習図書館であっても，年度によって特別な事情が発生する可能性があります。いずれにしろ実習図書館と大学とが事前によく話し合って時期を決めることが不可欠です。

> **Q7** ⇨ 実習の期間はどれほどの日数（時間）が必要でしょうか
> **A7** □ 「図書館実習」を科目として開講する場合，30～45時間で1単位です。しかし，実習の効果を考えると，フルタイム換算で最低2週間（70時間ほど）は必要でしょう。

解説

「図書館実習」を司書課程のカリキュラムの必修または選択科目とする場合，大学設置基準の定めに従わなければなりません。その第21条（短期大学設置基準では第7条）には，「実験，実習及び実技については，30時間から45時間までの範囲で（短期）大学が定める時間の授業をもって1単位とする」とあります。また，講義や実習などを組み合わせて行う場合には，「その組み合わせに応じ，前二号に規定する基準を考慮して（短期）大学が定める時間の授業をもって1単位とする」とされています。この規定を前提として，実習の期間・実時間を考える必要があるでしょう。

こうした事情を含めて，実習図書館と大学が話し合い，双方の都合を調整して，実習の日数・時間を決めざるを得ません。このとき，実習をする曜日や時間帯，1日当たりの実習時間などによっても，実習内容や実習図書館の負担などが違ってきますので，注意が必要です。たとえば，①平日の通常勤務時間帯にのみ実習を行う，②実習図書館が忙しい週末や祝日を含める，③期間が長くなるが週に1日または2日だけ実習するなどが考えられます。実習生が実習図書館の実態を体験するためにさまざまな曜日・時間帯を含めるのも一つの考え方です。

実習図書館によって受け入れ可能な期間は異なりますが，実際には下図のように2週間もしくは1週間の範囲での実習が，最も多く（全体の79.3％）実施されています[(2)]。

実習した日数（休日を除く）（2010年現在。複数回答可。有効回答数252）

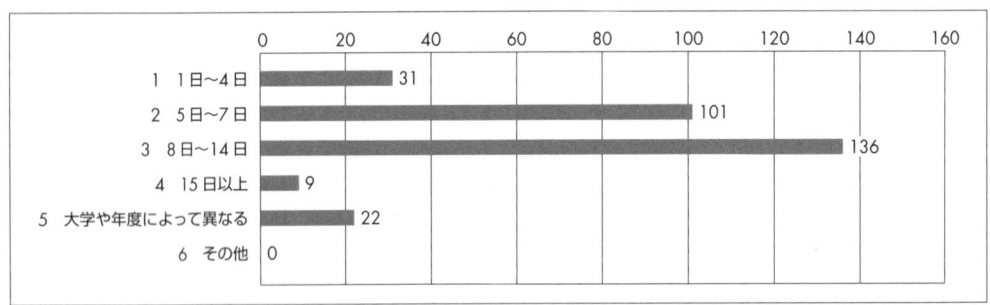

短い実習でも，実習生が何かを発見したり感じ取ったりすることは確かにあります。ですが，1週間に満たない実習期間は，授業としてはきわめて不十分と言わざるを得ないでしょう。

> **Q8** ⇨ **実習の内容について教えてください**
> **A8** ⇨ 実習期間が1〜2週間の場合,公立図書館の多くでは館内案内(見学)を含むオリエンテーションと,複数の業務の実習を行っています。

解説

　まず実習内容の決定方法ですが,実際には実習図書館に一任する例が多いです。しかし,最も望ましいのは,「学生と教員が相談した結果を実習図書館に要望する」方法でしょう。少なくともあらかじめ,教員が実習図書館と話し合うことが大切だと思われます。特に教育の一環としての実習である以上,実習生がその期間中1〜2種類の単純作業に終始するような実習は,できるだけ避けなければなりません。

　実習の内容については,実習生に説明し見学させるものと,実際に作業や演習をさせるものがあります。通常は実習期間が1〜2週間しかありませんので,実習図書館側は業務を選んで実習させています。たとえば資料の選定や障害者サービス,広報活動などは,説明できても,実際に作業させるのは難しいでしょう。

　実習の内容や実施状況は,個々の図書館の都合・状況によって異なります。2010年の全国の実習生を受け入れたことがある公立図書館への調査結果では,実習の内容と方法は下図のとおりでした(2010年現在。複数回答可。有効回答数252)[(2)]。

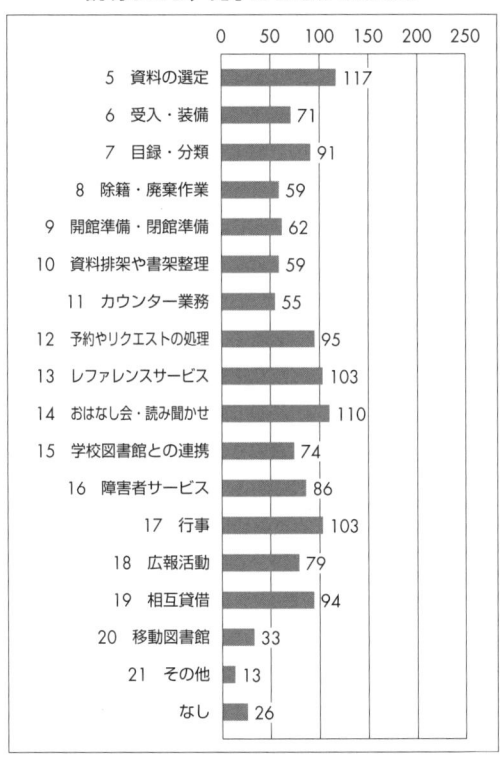

説明したり,見学させたりしたもの

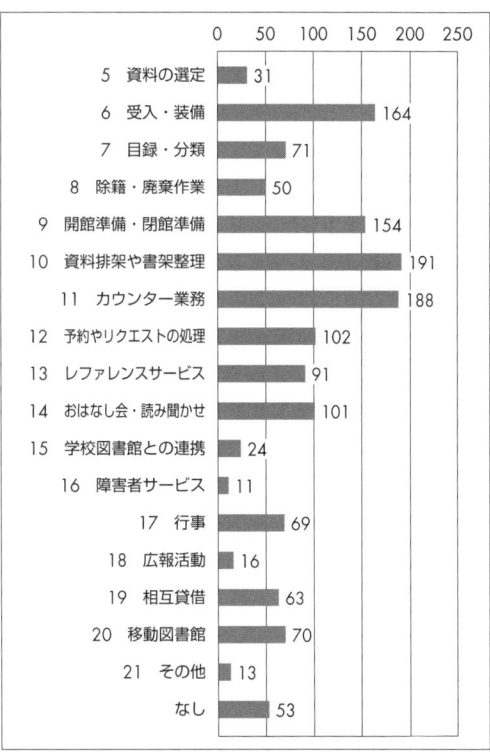

実際に作業や演習をさせたもの

> **Q9** ⇨ 実習図書館から実習生の報告をもらう場合，どのような内容が必要でしょうか
> **A9** ❑ 報告の内容は，①**実習に取り組む姿勢**と，②**実習作業や演習の結果**に大別できます。

解説

　大学が実習生の成績評価をする際には，実習図書館において学生を指導した担当者からもらう報告・評価を参考にします。2008年時点の調査で，実習を行っている大学の90％以上は，実習図書館から報告または実習生の評価をもらっていました[3]。

　実習図書館からの報告については，あらかじめ図書館側と相談し，内容や書式を含めて了解を得ておく必要があります。また，担当教員が実習図書館から報告をもらうことを，学生自身が実習前に知っていることも必要です。

① 実習に取り組む姿勢とは

　出席・欠席の日数や遅刻・早退の回数などは，数値で表すことのできる要素です。また，数値で表せない，積極性・協調性・責任感など実習作業における態度も評価の対象になります。

② 実習作業や演習の結果とは

　作業を遂行する力（実行力や柔軟性など）と，理解力・判断力（業務内容の把握，知識の習得など）です。

　しかし，これらの個々の項目を，実習図書館の担当者が判断・評価するには，かなりの労力を要します。そこで，総合的な所見と3～5段階の評価にしぼるのも一案だと思われます。なお，「図書館実習評価用紙」（サンプル13）には，重要と思われる要素がおおむね含まれています。

> Q10 ⇨ 図書館実習において起こりうるトラブルとその対処について教えてください
> A10 □ ①学生に問題があるトラブル，②大学に問題があるトラブル，③実習図書館に問題があるトラブルなどがあります。

① 学生に問題があるトラブル

　遅刻・無断欠席・意欲減退・体調不良・ドロップアウトなどがあります。トラブルとまでは言えない問題としては，学力不足，当初からの意欲不足，態度の悪さなどが公共図書館側から指摘されています。これらを予防するために，司書課程では実習の事前学習において，実習図書館では実習はじめのオリエンテーションにおいて，学生に十分な説明と注意をする必要があります。なお，サンプル7と8は，ともに「実習に関する注意事項」ですが，前者が司書課程用，後者が実習図書館用となっています。

② 大学に問題があるトラブル

　事務連絡の遅れや不十分さが公共図書館側から指摘されています[2]。

　問題の背景に教員の負担の多さがある場合は，体制を改善する必要があります。本来なら，図書館実習を支える事務局の体制が整っていることが最も望ましいのですが，大学の規模や人員体制などの事情で難しい場合は，一部分だけでも事務局の協力をあおぐなど，教職員間の協力や工夫が必要です。

③ 実習図書館に問題があるトラブル

　実習内容や時間が学生の考えていたものと大きく異なる場合や，担当者の資質や指導の不十分さ，などが考えられます。このような場合は，学生からの連絡を受けた担当教員が，真摯に対応する必要があるでしょう。

　いずれにしろ，調査結果ではほとんどの図書館で，深刻なトラブルは起きていません[2]。なお，トラブルに備えて，実習生が加入しておくべき保険については，Q5を参照してください。

> Q11 ▷ 図書館実習は学生の図書館への就職に結びつくのでしょうか
> A11 ▷ 図書館実習が実習生の図書館への就職に結びつく場合は少なからずあります。

　2006年の「近畿地区大学図書館職員採用等に関する実態調査」の結果から，大学図書館が専任職員を採用する場合，応募者の「図書館の実務経験」，「コミュニケーション能力」，「専門分野の知識」を重視することがわかりました[4]。

　財政状況が厳しくなればなるほど，図書館は少ない数のスタッフでたくさんの仕事をせざるを得なくなります。そのため，有能で即戦力となるスタッフが求められていることは明白です。学生が実習を通して，現場で求められている能力を知り，自分自身に足りない能力を身につけるべく在学中にさらに努力することは，夢の実現につながります。

　また，2008年に司書課程担当教員を対象に行った調査[3]では，実習生が実習図書館へ「正規職員として就職したことがある」という回答が20.7％，「非正規職員として採用されたことがある」という回答が51.7％でした。両方の重複分を差し引いても，実習生が何らかの形で実習図書館への就職をしたことがあるという回答が58.6％ありました。この質問では就職・採用の時期を限定していませんので，過去何年の間に就職したか，採用されたかが不明です。しかし，図書館実習が実習生の図書館への就職に結びつくケースが，少なからずあることを示しています。特に大都市圏以外の地域で，実習と就職が結びつく可能性が高いように思われます。

　就職とは別に，実習への姿勢や能力を高く評価してもらった実習生が，実習後にその実習図書館から学生アルバイトとして採用されることもあります。アルバイトであっても，図書館への就職活動の折には，履歴書やエントリーシートで「図書館の実務経験」をアピールすることができます。

2.2 司書課程教員編

> Q12 「図書館実習」を開講することによる大学のメリットは何でしょうか
> A12 大学のメリットとして，①図書館員養成教育を，理論と実践の両輪で完結させることができる，②図書館への就職を希望する学生を支援し，就職のミスマッチを予防することができる，③司書課程の教育内容を見直すきっかけとなる，④館種別教育の一つの方法とすることができる，などがあげられます。

① 図書館員養成教育を，理論と実践の両輪で完結させることができます

　一般に医師，看護師，教師，弁護士などの専門職の養成は，理論の修得と実務研修とを車の両輪として完結されます。図書館の専門的職員を養成する司書課程においても，図書館実習という実務研修を行うことで，理論の修得を補強することができます。

② 図書館への就職を希望する学生を支援し，就職のミスマッチを予防することができます

　大学近隣の図書館や，学生の地元の図書館に実習を依頼することで，司書課程の存在（＝図書館への就職希望者の存在）をアピールすることができます。その結果，図書館に関する求人情報が大学に届くようになり，これらの情報を学生の就職支援に役立てることができます。

　また，図書館実習によって，学生は図書館員という職業への自分の適性を確認することができます。自分には適性がないと判断した学生は，自ら進路を見直しますので，就職のミスマッチの予防になります。

③ 司書課程の教育内容を見直すきっかけとなります

　図書館実習を通じて学生たちは，大学の授業で学んだ内容が図書館の現場で通用するかどうか，体当たりで確認しています。実習生の報告や感想とは，その評価でもあります。また，図書館実習では，図書館員の目を通して，学生一人一人の資質が問われるだけではなく，彼らを通じて司書課程の教育内容が問われています。ですから実習生や図書館側の意見から，図書館が司書課程に求めるものを把握し，教育内容の見直しに役立てることができます。

④ 館種別教育の一つの方法とすることができます

　大学図書館へ就職したい学生は大学図書館で，学校図書館を希望する学生には学校図書館で実習させてやりたいものです。大学は，実習図書館の館種を増やし，学生が就職を希望する館種での実習を実現することにより，館種別教育の一助となります。

　文部科学省は，『司書資格取得のために大学において履修すべき図書館に関する科目の在り方について（報告）』において，「図書館実習」における実習とは「原則として公立図書館における業務を経験することを指す」と述べています。したがって公立図書館での実習

が望ましいのは言うまでもありませんが，これまで大学図書館や専門図書館での実習も行われてきました。また，「図書館総合演習」(1単位) においては，公共図書館以外の館種での実習による単位認定が可能です。

Q13 ⇨ 図書館実習を行っている大学の司書課程はどれほどありますか
A13 ❑ 1988年以降増えつづけています。2011年度の調査では48校 (204校を対象に調査) ありました。

　日本図書館協会発行の『日本の図書館学教育1988』では，実習を行っていると思われる大学は26校，『日本の図書館情報学教育1995』と『同2000』ではともに27校，『同2005』では33校ありました。ただし，これらの資料を見ると，各大学で実習を行っている科目名に「図書館実習」，「図書館学演習」，「図書館特論」，「○○演習」，「○○実習」などばらつきがあり，その内容が図書館実務の「実習」だったのか，図書館資料等を使った「演習」だったのか，判断が難しいケースが含まれています。

　2007年に私たちが行った調査[3]では43校 (219校を対象に調査，回収率65.8%) が図書館実習を実施しており，その内訳は必修科目9校，選択科目32校，科目外が2校でした。2011年度に再度行った調査[5]では48校 (204校を対象に調査，回収率66.28%) に増え，その内訳は必修科目13校，選択科目28校でした。その他7校は，希望者に限定して実施が4校，資格要件とは無関係に (学部の) 1科目として実施が3校あり，これら7校も加えた結果，実習実施校は48校になります。2011年度の時点で，司書課程のある大学の約4分の1は実習を行っていたことになります。

　さらに，2012年度から実施されている司書課程の新カリキュラムでは，選択科目に「図書館実習」(1単位) が加わりました。この科目では公共図書館での実習が想定されており，ますます図書館実習を行う大学は増えるものと考えられます。実際，2011年度の調査[5]では，2012年度から新たに実習を開始する予定の大学が22校，数年以内に開始予定という大学が12校ありました。現在実習を行っている48校に，2012年新規開始予定の22校，数年以内に新規開始予定の12校が加わると，80校を超えることになります。

> Q14 ⇨ 実習図書館は，どのようにして確保したらよいのですか
>
> A14 □ まず，大学近隣の自治体や，学生の出身，もしくは在住の自治体の図書館にあたってみてください。私たちが2009年に全国の公立図書館がある自治体を対象に行った調査[1]では，全体の43.6％の自治体が，依頼があれば実習生を「受け入れる」と答えています。特に大学側が依頼しやすい都道府県，東京23区，市だけを見るならば，半数は「受け入れる」，約4割が「検討する」で，約9割は受け入れに前向きな姿勢を見せています。

解説

　当然のことですが，「図書館実習」が必修科目の場合，実習先の確保には大学が責任をもたなければなりません。選択科目だとしても，前もっていくつかの図書館から内諾を得ておく必要があります。なお，現状ではQ12で触れたとおり，文部科学省は実習について「原則として公立図書館における業務を経験することを指す」としています。

　私たちが2010年に，実習生受入実績のある公立図書館を対象に行った調査[2]では，受け入れる実習生について，「当自治体または近隣出身の学生」，「当自治体または近隣に住む学生」，「当自治体または近隣にある大学の学生」といった条件を設けている館がありました。つまり，大学のある自治体や近隣の自治体，学生の出身地や住んでいる自治体にある図書館には，実習の受け入れを了承してもらいやすいと考えられます。

　たとえば，筑波大学（2007年度に実習担当者にインタビュー）を例にあげますと，実習は夏季休暇中に行われるため，学生は自分の地元の図書館を実習先にすることが可能です。実習先には人口10万人以上の市の市立図書館という条件がありますが，毎年10館以上が学生によって新規開拓されています。筑波大学では，学生が自分で実習を希望する図書館に問合せをし，その後に大学が確認と依頼を行う形になっています。

　私たちが2009年に全国の公立図書館がある自治体を対象に，図書館実習について行った調査[1]では，「今後，依頼があれば実習生を受け入れますか」という質問に，回答は「1. 受け入れる」「2. 検討する」「3. 受け入れない」「4. その他」から選んでもらいました。その結果が次の表です。

実習生受け入れの意向（複数回答が含まれている・パーセントは自治体数で割ったもの）

設置自治体	調査対象	受け入れる	検討する	受け入れない	その他	無回答
都道府県	44	25 (56.8％)	16 (36.4％)	0 (0.0％)	1	3
政令指定都市	15	11 (73.3％)	4 (26.7％)	0 (0.0％)	0	1
東京23区	19	6 (31.6％)	9 (47.4％)	2 (10.5％)	1	2
市	606	306 (50.5％)	232 (38.3％)	35 (5.8％)	20	17
町	357	113 (31.7％)	179 (50.1％)	48 (13.4％)	17	4
村	25	4 (16.0％)	10 (40.0％)	7 (28.0％)	2	2
合計	1,066	465 (43.6％)	450 (42.2％)	92 (8.6％)	41	29

全体の43.6%がはっきりと「受け入れる」と答えていますし，「受け入れる」と「検討する」を合わせると，85.6%になります。この数字から，多くの公立図書館が実習の受け入れに前向きであると考えてよいでしょう。さらに，大学側が依頼しやすい都道府県，東京23区，市（合計684自治体）だけを見るならば，「受け入れる」が348で50.9%，「検討する」が261で38.2%，両方を選んだ自治体1を引いて合計608で88.9%です。それに対して，「受け入れない」と答えている自治体と，無回答を合わせても121で11.3%に過ぎませんでした。はっきり断っている，答えられない自治体が約1割というのは，私たちの予想よりもはるかに小さな数字でした。

　なお，下記の表は，インターネット上で，実習生の募集を行っていた図書館です。広島県立図書館は「広島県立図書館インターンシップ実習生の受け入れについて」と題する実習生募集案内を2012年5月にホームページ上に掲載しました。ここではインターンシップ実習生と称していますが，司書資格取得を目指す学生を対象に，所属大学等を通じて申し込む10日間にわたる実習ですので，「図書館実習」としての条件を備えていると考えられます。

　国立国会図書館も「図書館情報学実習生の募集について」という案内をホームページ上に掲載しています。こちらは大学の図書館情報学課程・司書課程等の学生が対象で，応募は大学ごとにまとめて教員が行わなければなりません。2012年度は8月下旬の10日間，東京本館，関西館，国際子ども図書館で実施されました。

　このようなケースを探してみるのも，実習機関の確保には役立つと思います。

実習公募・受け入れの実績がある図書館の例

国立図書館	
国立国会図書館（東京本館）	図書館情報学実習募集
国立国会図書館（関西館）	図書館情報学実習募集
国立国会図書館　国際子ども図書館	受託研修生募集
公共図書館	
広島県立図書館	インターンシップ実習生の受け入れ
神奈川県立図書館	図書館実習受け入れ
佐賀県立図書館	図書館実習受け入れ
大阪府立図書館	図書館実習受け入れ
京都府立総合資料館	図書館実習受け入れ
大阪府堺市立図書館	図書館実習受け入れ
専門図書館	
経団連図書館	図書館実習受け入れ

◎最新情報はホームページ等で確認してください。

Q15 ▷ 専任教員が1名しかいなくても，あるいは司書課程の受講生数が多くても，「図書館実習」を開講できるでしょうか

A15 ▷ 専任教員の担当コマ数にもよりますが，工夫次第で開講は可能です。専任教員1名で対応できる学生数や実習方法を考え，それにあわせて「図書館実習」を開講することを考えましょう。

解説

　司書課程で図書館実習を行っていた大学43校を対象にした2007年度のアンケート調査[3]によりますと，実習生の数は「図書館実習」を必修科目とする大学で平均38.6名，選択科目とする大学で平均11.4名，科目外（単位取得に結びつかない）の大学は4.0名でした。しかし選択科目とする大学においては，例外的に多い筑波大学（75名）を除いて計算し直しますと，1校当たりの平均は6.5名でした。つまり，科目外や選択科目としての実習に参加する学生は1校当たり4.0～6.5名に過ぎませんでした。

　必修でもない実習にわざわざ参加する学生は，参加しない多くの学生に比べ，図書館への関心が高い学生と考えられます。この調査では，実習におけるトラブルの有無についてもたずねたのですが，ほとんどの大学（20校）が無記入，または「特になし」，「具体例なし」でした。これは，そもそもトラブルを起こす可能性が低い，非常に熱心な学生が実習に参加しているためではないかと考えられます。

　また，「図書館実習」が必修でない大学の場合，実習図書館数の平均は1校当たり4館に過ぎませんでした（筑波大学を除く）。このような少ない学生数と実習図書館数で，トラブルも少ないのであれば，司書課程の専任教員が1名でも実施は可能だと考えられます。

　さらに，「図書館実習」を履修する学生の数を制限する方法があります。大学が学生に実習を許可する条件を設けることです。その詳細についてはQ19を参考にしてください。あるいは履修登録前に，あらかじめ履修を許可する人数を決めて告知しておくのも一つの方法でしょう。たとえば，今年度の実習図書館数と受け入れ可能な実習生の数が数字で示されれば，学生はこの制限を納得するのではないかと思われます。

> Q16 ▷ 大学（司書課程）における図書館実習の流れはどのようなものでしょうか
> A16 ▷ 大学（司書課程）における流れは，科目の設定（①）→履修登録（②）→実習手続き（③〜⑥，⑧・⑨）→事前学習（⑦・⑩）→実習実施（⑪）→事後学習（⑫・⑬・⑮）→成績評価（⑭・⑯）になります。

① 「図書館実習」の科目としての位置づけの決定

　まず，必修・選択の別と，履修学年を決めます。教育効果という観点からは必修科目としての開講が理想ではありますが，司書課程を履修する学生が多い大学で，いきなり全員の実習先を確保するのは困難です。ですから，これから開講する場合は，受講生数や専任教員数に応じて，実習が無理なくスタートできる形を工夫するのが現実的でしょう。

　次に履修条件（既習科目など）や，必要に応じて履修を許可する学生数を設定します。同時に，実習の時期と期間を設定します。時期についてはQ6，期間についてはQ7を参照してください。

② 「図書館実習」のガイダンス

　「図書館実習」の受講を考えている学生に対するガイダンスは必須です。ガイダンスについてはQ17を，学生への配布資料についてはQ18を参照してください。「図書館実習の手順とスケジュール」（サンプル1）のような配布資料が必要です。受講を決めた学生は，ガイダンスの後，履修登録をします。

③　学生が実習図書館を選択

　大学が実習図書館をあらかじめ指定している例も少なくありませんが，多くの大学では「実習可能図書館一覧」（サンプル2）から学生に選択させており（「実習希望調査票」（サンプル3）），中には学生が自発的に実習先を見つける場合もあります。大学による実習図書館の確保についてはQ14を，学生が実習先を見つける方法については，Q26を参照してください。

④　大学から実習図書館への確認と依頼状の送付

　司書課程が「実習可能図書館一覧」（サンプル2）を作成して学生に告知する場合，通常はリストに掲載される図書館の内諾を得ています。しかし，正式な依頼状を発送する前に，受け入れ人数や日程の確認をしておくのが無難です。また，実習図書館によっては学長名や学部長名を依頼主にする厳密な形式を求めますので，この点も確認します。

⑤　実習図書館から大学への承諾書の送付

　打診・依頼を受けた図書館は，条件に合致するか否かを確認し，受け入れが可能であれば承諾書を大学へ送ります。

⑥　実習図書館と大学との合意文書の作成

　実習図書館と大学は，実習の時期と期間（時間），実習内容，実習図書館の実習指導者もしくは担当者，学生の評価の方法，トラブルの際の連絡方法，学生の保険，謝礼などについて打ち合わせをします。打ち合わせ後，実習図書館と大学は合意文書を作成しますが，

この文書には実習生の氏名をも入れ，実習図書館，教員，学生が押印して3者が保持します。合意文書（覚書）についてはサンプル4を参照してください。

⑦ 学生の事前学習

実習で必要になるのは，①図書館のサービスや業務に関する基本的な知識と，②実習図書館の方針・特徴などです。実習図書館に関する調査の内容は，「図書館実習事前調査票」（サンプル5）を参考にしてください。詳しくは，Q4を参照してください。

⑧ 実習期間中の学生の保険加入

通常，学生は大学への入学時に，学内外での事故等に対応できる保険に加入します。この保険には，①学生教育研究災害傷害保険（学研災）と②学研災付帯賠償責任保険（学研賠）などがあります。詳しくは，Q5を参照してください。

⑨ 実習期間中の連絡先の確認

「図書館実習連絡先リスト」（サンプル6）を参照してください。実習前に4部作成し，実習図書館，大学の関係事務担当者，教員，実習生が各1部ずつ持つようにします。

⑩ 実習直前指導

「実習に関する注意事項（司書課程用）」（サンプル7）を参照してください。服装，持ち物，遅刻や無断欠席などは，学生には特に気をつけるよう指導します。Q28，Q29を参照してください。

⑪ 実習中の教員の実習図書館訪問とトラブルの処理

担当教員は実習図書館の担当者とコミュニケーションをとるため，あるいは実習の状況を確認し，実習生の相談に応じるために，実習中にできれば一度は訪問します。この件についてはQ20を参照してください。

不幸にして学生と実習図書館との間で深刻なトラブルが発生したときは，迅速かつ誠実な対応をする必要があります。この件についてはQ10を参照してください。

⑫ 学生による実習報告

実習を司書課程の科目として実施している大学では，通常，実習生に日誌かレポート，もしくはその両方を提出させています。「図書館実習日誌」（サンプル10），「図書館実習報告書」（サンプル12）および，Q21を参照してください。

⑬ 学生から実習図書館へのお礼状の送付

実習生は実習終了後すぐに，お世話になったお礼の気持ちを実習図書館へ伝える手紙を出します。詳しくは「お礼状について」（サンプル11）と，Q23の②およびQ30の②を参照してください。

⑭ 実習図書館からの評価・報告の受領

報告の内容は①実習に取り組む姿勢と，②実習作業や演習の結果に大別できます。「図書館実習出席簿」（サンプル9）および「図書館実習評価用紙」（サンプル13）とQ9を参照してください。

⑮　大学における事後学習（実習報告会など）

　実習について報告書（レポート）をまとめることは，実習の締めくくりとして不可欠です。学生は実習全体を総括することができ，教員はそれを成績評価の一要素とすることができます。また，指導する立場の実習図書館も，学生の報告書（レポート）をみずからの総括・反省に役立てることができます。

　実習報告会を開く場合，実習した学生全員が出席し，それに加えて司書課程の下級生（次年度以降の実習予定・希望者）や実習図書館の担当者などが出席して，質疑応答などもできれば，実り多い報告会になります。このような形で行うことが難しい場合でも，実習に行った学生たちが，各自の体験を報告書（レポート）に基づいて報告しあうような場は，ぜひ設けたいものです。

　さらに，実習生の報告書（レポート）を（個人情報に留意して），小冊子またはウェブサイトに累積していけば，後年の参考になります。さらに，これらの情報が複数の実習図書館に届けば，有効なフィードバックとなりうると思われます。

⑯　成績評価

　大学の教員は，学生の報告と実習図書館からの評価を主な材料に，学生の成績評価を行います。評価の材料とされるのは，①事前学習への参加，②学生の実習日誌，③実習図書館の指導者による評価報告，④学生の報告書（レポート）などで，できればこの4種類を組み合わせて評価し，単位を認定すべきでしょう。詳しくは Q22 を参照してください。

> Q17 ⇨ 実習前の学生への指導（説明会など）はどのように行ったらよいでしょうか
> A17 ⇨ 「図書館実習」を科目として開講する場合，まず履修登録前に説明会を開催する必要があります。履修登録後は授業の中で，実習を希望する図書館の選択や，実習で必要になる基本的な知識の確認をし，実習開始直前には，持ち物や服装，心構えなどの注意事項を説明します。

解説

履修登録前

実習予定者・希望者を対象とした説明会が必要です。シラバスと「図書館実習の手順とスケジュール」（サンプル1）に基づいて，①「図書館実習」の科目・単位，②目的，③評価方法，④実習の流れなどを説明します。実習生の数の調整が必要な場合は，⑤履修（実習許可）の条件や，場合によっては⑥履修受入学生数を説明します。

履修登録後

授業の中で，実習に向けて，次のような説明や作業を行うことが考えられます。

①　実習の目的やメリットの説明
②　実習の流れ（スケジュール）と提出文書の説明：「図書館実習の手順とスケジュール」（サンプル1）
③　「実習可能図書館一覧」（サンプル2）の配布と説明
④　学生による実習希望図書館の選択と「実習希望調査票」（サンプル3）の提出
⑤　実習図書館・大学・学生の「覚書（合意文書）」（サンプル4）の作成
⑥　学生による実習図書館の事前調査：「図書館実習事前調査票」（サンプル5）
⑦　実習期間中の実習先，学生，大学，教員の連絡先および連絡方法の確認：「図書館実習連絡先リスト」（サンプル6）
⑧　実習で必要になる図書館サービスや分類・目録の基本的な知識の確認

実習開始直前

持ち物や服装，心構えなどの注意事項を説明します。必要な内容は，以下のとおりです。「実習に関する注意事項（司書課程用）」（サンプル7）をも参照してください。

①　心構え（熱意，責任感，協調性など）
②　服装と持ち物の確認
③　実習期間と時間，遅刻・欠席の場合の対応，連絡先の確認
④　利用者および職員の方への挨拶と言葉づかいについての注意
⑤　業務上知り得た秘密（特に利用者のプライバシー）に関する注意
⑥　「図書館実習日誌」（サンプル10），「図書館実習報告書」（サンプル12）の用紙の配布と説明（書き方・提出期限など）
⑦　礼状についての説明（タイミング・内容・注意事項）（サンプル11）

> **Q18** ▷ 図書館実習の指導のために用意すべき学生向けの資料はどのようなものですか
> **A18** ▷ おおむね以下のとおりです。

① 「図書館実習」のシラバス

　履修登録前の説明会では，シラバスのほかに次の資料②と③の説明が必要です。

② 「図書館実習の手順とスケジュール」（サンプル1）

　実習の流れを，日程や提出書類とともに説明します。

③ 「実習可能図書館一覧」（サンプル2）と「実習希望調査票」（サンプル3）

　Q3で述べたとおり，大学が前もって近隣の公共図書館などにお願いして内諾を得たうえ，「実習可能図書館一覧」を作成し，学生に提供します。そこには，各図書館の受入条件，受入可能な期間，日数，人数と，昨年度受入実績（人数）などを載せます。

④ 実習図書館・大学・学生の「覚書（合意文書）」（サンプル4）

　実習期間，時間，受入担当者名，実習の条件等が入った文書を作成し，取り交わします。

⑤ 「図書館実習事前調査票」（サンプル5）

　学生は，事前調査によって，実習図書館への交通手段とルートなどを確認するとともに，実習図書館に関する基礎的なデータを収集します。

⑥ 「図書館実習連絡先リスト」（サンプル6）

　実習中の図書館，学生，教員，大学の事務担当者の連絡先をまとめ，4者が1部ずつ所持するようにします。

⑦ 「実習に関する注意事項（司書課程用）」（サンプル7）

　実習開始直前に配布・説明する資料です。服装と持ち物の注意，遅刻・欠席の場合の対応，連絡先の確認，利用者および職員の方への挨拶と言葉づかいについての注意，業務上知り得た秘密（特に利用者のプライバシー）を漏らさないことなどが含まれます。

⑧ 「図書館実習出席簿」（サンプル9）

　前もって実習先に送付しておくものですが，説明会などで学生にも配布・説明します。

⑨ 「図書館実習日誌」（サンプル10）

　学生が毎日実習内容と感想や反省を記し，それに対して図書館の実習担当者からコメントをいただきます。

⑩ 「お礼状について」（サンプル11）

　実習終了後，マナーを守って速やかに送付するよう指導します。

⑪ 「図書館実習報告書」（サンプル12）

　実習終了後に実習生の書く報告書は，科目の成績評価のためのツールとなります。同時に，後輩へのアドバイスなどを含めさせれば次年度以降の実習生の参考資料にもなります。

⑫ 「図書館実習評価用紙」（サンプル13）

　前もって，実習先に送付しておきます。

> **Q19** ⇨ 司書課程として学生に実習を許可する条件はどのようなものでしょうか
> **A19** ⇨ 学年と司書課程の履修済み科目との組合せを，実習許可の条件とするのが望ましいでしょう。

解説

　実習には教室で学んだ理論を，実務現場で確認・実践するという意味合いがあります。そこで実習を効果的なものにするためには，学生は①大学では3年次または4年次，短期大学では2年次に実習を行うこと，②実習前に少なくとも司書資格取得に必要な科目のうち基本的なものを履修済みであること，の2点を満たすことが望ましいと考えられます。ただし，司書課程科目の配当年次と主要科目についての考え方や，実習の期間と内容が一様でないのが現状です。したがって，実習を認める条件設定は，個々の大学の事情によらざるを得ないでしょう。また，実習生を受け入れてくれる図書館の意向や事情に沿うようにすることも必要です。

　ちなみに，調査[3]によれば，学生に実習を許可する条件を設けている大学は72.4％でした。条件として最も多いのは「3年次以上」であること，その次は「履修済み科目による限定」です。その科目には，「図書館概論」，「児童サービス論」，「情報サービス概説」，「レファレンス演習」，「生涯学習概論」，「資料組織法」，「図書館情報論」，「情報検索演習」，「図書館経営論」などがあがっていました。

> **Q20** ⇨ 実習期間中に教員は実習図書館に出向く必要があるでしょうか
> **A20** ⇨ 担当教員は実習図書館の担当者とコミュニケーションをとるために，あるいは実習の状況を確認し，実習生の相談に応じるために，実習現場に出向くことが望ましいのは言うまでもありません。

解説

　実習期間の日数にもよりますが，担当教員はできるだけ実習図書館の担当者および実習生とコミュニケーションを図るべきです。その最も確実な方法が実習図書館に出向くことで，実状としては「原則としてすべての実習図書館へ出向く」例が72.4％となっています[3]。

　しかしながら，実習期間が数日しかない場合，実習図書館が大学から遠い場所にあるような場合などでは，実際問題として教員がすべての実習図書館を訪問することは不可能です。したがって，実習図書館とのコミュニケーションおよび良好な関係の維持のため，また学生の激励や状況把握のために，担当教員は期間中に少なくとも一度は，電話やメールなどの手段で連絡をとることが望ましいでしょう。

> **Q21** ⇨ 学生にはどのような形で実習の報告を求めたらよいのでしょうか
> **A21** ⇨ 実習を司書課程の科目として実施している大学では，通常，実習生に日誌またはレポート，もしくはその両方を提出させています。

解説

　実習生が日誌を書くことは，本人にとってだけでなく，実習図書館と大学にとっても大切です。実習日誌を書くことによって，学生は1日を振り返ります。この日誌は，報告書（レポート）をまとめるための備忘録として役立てることもできます。実習図書館にとって実習生の日誌は，学生の進歩の度合いや発見を形のあるものによって確認する契機となります。担当教員も日誌を確認することで，実習の具体的な内容や学生の成長を把握することができます。

　報告書（レポート）をまとめることも，実習の締めくくりとして不可欠だと思われます。学生は実習全体を総括することができ，教員はそれを成績評価の一要素とすることができます。また，指導する立場の実習図書館も，学生の報告書（レポート）をみずからの総括・反省の一助とすることができるでしょう。

　日誌と実習報告書については，「図書館実習日誌」（サンプル10）と「図書館実習報告書」（サンプル12）も参考にしてください。

　そのほか，大学で実習報告会を開催する例があります。実習報告会を開く場合，実習した学生全員が出席し，それに加えて司書課程の下級生（次年度以降の実習予定・希望者）や実習図書館の担当者などが出席して質疑応答などもできれば，実り多い報告会になります。このような形で行うことが難しい場合でも，実習に行った学生たちが，各自の体験を報告書（レポート）に基づいて報告し合うような場は，ぜひ設けたいものです。

　さらに，実習生の報告書（レポート）を個人情報に留意して，小冊子またはウェブサイトに累積していけば，後年の参考になります。さらに，これらの情報が複数の実習図書館に届けば，有効なフィードバックとなると思われます。

> **Q22** ⇨ 「図書館実習」の科目としての基準や成績評価の方法について教えてください
> **A22** ⇨ 科目の時間数や内容については，これからの図書館の在り方検討協力者会議「司書資格取得のために大学において履修すべき図書館に関する科目の在り方について（報告）」（2009年2月）が示しています。

解説

　上記の報告によれば，「図書館実習」は選択科目で，実習1単位は30〜45時間となっています。もちろん大学の方針で「図書館実習」を必修科目とすることは可能ですし，時間数を増やせば2単位以上とすることもできます。科目の内容は，「図書館に関する科目で得

た知識・技術を元にして，事前・事後学習の指導を受けつつ公立図書館業務を経験させる」となっています。実習時間の確保と，大学での実習の事前・事後学習の実施，実習先が原則として公立図書館であることがポイントです。

　大学の教員は，学生の報告と実習図書館からの評価を主な材料に，学生の成績評価を行います。評価の材料とされるのは，①事前学習への参加，②学生の実習日誌，③実習図書館の指導者による評価報告，④学生の報告書（レポート）などで，できればこの4種類を組み合わせて評価し，単位を認定すべきでしょう。

　なお学生が，「図書館実習」について「誰が，何によって，どのように評価するか」を，事前によく理解していることも重要です。

Q23　実習図書館へのお礼について教えてください
A23　実習図書館へのお礼には，①謝金，②礼状，③手土産などの3種類があります。

解説

① 謝金

　実際に謝金を出している大学は，2008年時点の調査で17.2％でした[3]。謝金を出す場合は金額のほかにその出所（大学の支出または学生の負担）も考慮する必要があります。いずれにしろ，実習生受け入れの可否を実習図書館に問い合わせる段階で，謝金の要不要，金額および出所を明確にしておくべきでしょう。

② 礼状

　礼状は大学と実習生の両方から出すのが礼儀です。礼状は遅くなればなるほど誠意が伝わりにくくなりますので，できれば実習終了後2，3日以内に送るよう心がけたいものです。

③ 手土産など

　そのほか，担当教員が実習図書館を訪問するときに手土産を持参することはかなり頻繁に行われており，2008年時点の調査で65.5％の大学が持参していました[3]。外国では実習図書館の実習担当者に，大学の授業を受ける権利を与えるという形で，感謝のしるしとする事例があります（イリノイ大学）。

2.3　司書課程学生編

> **Q24** ▷ 司書課程の学生にとって「図書館実習」を履修するメリットは何ですか
> **A24** □ おおむね次のようなメリットがあると考えられます。①大学での学びを現場で実践し，さらに学びを深めることができます，②大学の授業では伝えにくいことがらを学ぶことができます，③図書館の現場で求められている知識や能力を知ることができます，④受け身ではいられない実習のさまざまなプロセスを通して成長することができます，⑤図書館で働くことに対する自分の適性を確認することができます。

解説

① 大学での学びを現場で実践し，さらに学びを深めることができます

　大学の講義やテキスト・専門書などを通して，理論を学ぶことは大切です。理論は，自分を将来の図書館現場で支える土台となります。しっかりした土台の上にこそ，個々の利用者のさまざまなニーズへ対応できる高度な技術を積み上げることが可能になります。

　さらに実習を通して，自分が学んだ理論が現場でどのように活用されているか確認することができます。実習を通して，自分に足りないものに気づき，大学に戻って補い，さらに深く学ぶことで，実習生は土台を確かなものにすることができます。

② 大学の授業では伝えにくいことがらを学ぶことができます

　大学の授業でできるのは，ある課題を想定した演習までです。ところが，図書館の現場では，チームを組み連携しながら，同僚や利用者との相互関係の中で，日々の仕事が進みます。たとえば同僚と，どのようにコミュニケーションをとり，責任を分担しあい，それぞれの職業意識や使命感を尊重し，共有していくのか。それらは，大学の授業で説明されても，実感することは難しいでしょう。しかし，図書館の現場に身を置き，そのような関係を見聞きすることで，チームで働くことや利用者との関係を，自分の体験を通じて学ぶことができます。

③ 図書館の現場で求められている知識や能力を知ることができます

　図書館で働くために必要な能力は，図書館に関する専門知識だけではありません。現場では，コミュニケーション能力をもった現場経験のある人が求められています。実習で図書館スタッフを経験することを通して，図書館の現場が求めている能力を具体的に実感することができます。

④ 受け身ではいられない実習のさまざまなプロセスを通して成長することができます

　人間はすべての教育課程において，未知のことがらを知ろうとし，できなかったことをできるようになろうと努めます。未経験のことがらを経験し，一歩ずつ成長していきます。この過程は一人一人の児童・生徒・学生にとって日々の挑戦ですが，安全に配慮された教室で，教師に導かれて行う挑戦でもあります。

　これに対して実習は，大学の教室とは異なる場での体験となります。実習生はこれまで

知らなかった職場環境，そこでの仕事，そこで活躍する人たち，そして利用者などを総合的に観察します。さらにみずからもその環境の中で新しい人間関係を築き，図書館業務に挑戦するのです。

このとき実習生は，その職業・資格の意義ややりがいを再確認します。とくにすぐれた職場と図書館員との出会いによって，自分の進路を定めることもあります。すなわち，実習によって実習生の多くが，人間的に成長することができます。

⑤ 図書館で働くことに対する自分の適性を確認することができます

「本が好き」「図書館が好き」など，さまざまな動機で，学生は司書課程を履修します。しかし，職業として選択するとなると「好き」だけでは続きません。一生懸命採用試験の勉強をし，たくさん受験してやっと図書館の専任職員になれたとしても，就職後に図書館で働くことに向いていないと判明しては，「こんなはずではなかった」という悲劇になりかねません。そうしたミスマッチを事前に防ぐためにも，自分は本当に図書館で働くことに向いているのかどうかを，実習を通して確かめることは重要です。

> **Q25** ▷ 自分の大学の司書課程に「図書館実習」の科目がなくても，図書館業務の体験学習をすることができますか
>
> **A25** ▷ 次のような方法によって，実習先を見つけるか，実習以外の実務経験ができる可能性があります。①司書課程の先生に相談する，②実習生を公募している図書館を自分で探す，③自分が住んでいる地域の図書館に相談する，④図書館でのアルバイト，ボランティア，インターンシップなどの可能性を探る。

解説

① 司書課程の先生に相談する

「図書館実習」の科目が設けられていない場合でも，実習を望む学生に，司書課程の先生が実習生を受け入れる図書館を紹介したり，図書館探しに協力してくださる場合があります。まず，自分の大学の司書課程の先生に相談してみましょう。

② 実習生を公募している図書館を自分で探す

自分の大学の先生からサポートが得られない場合でも，学生自身が実習生を公募している図書館を見つけて，そこに応募する方法があります。通える地域で，実習生を公募している図書館がないか情報収集してください。公募期間中を過ぎてしまうとチャンスがなくなりますので，実習を希望する前の年から，公募状況をチェックしておくことをお勧めします。他にもQ14を参照してください。

③ 自分が住んでいる地域の図書館に相談する

どうしても見つからない場合は，自分が住んでいる地域の公立図書館に相談するのも一つの方法です。地域の図書館に「実習生として受け入れていただくことは可能か」を相談してみてはどうでしょうか。地域住民への貢献ないしサービスの一環として，公募はしていないけれど，要望すれば応えてくれる図書館もあります。

④ 図書館でのアルバイト，ボランティア，インターンシップなどの可能性を探る

実習ではなく，アルバイト，ボランティア，インターンシップのいずれかの方法で図書館での実務経験をすることができます。最近では多くの公立図書館や学校図書館でボランティアを募集していますし，募集をしていなくても事情を話せば応じてくれる可能性があります。

特にアルバイトやボランティアは，「図書館実習」やインターンシップと比べて期間の長い就労体験となるとともに，図書館への就職活動においては，履歴書などに書いてアピールすることもできます。

> Q26 ⇨ 「図書館実習」の実習先は，どのようにして探せばよいのでしょうか
> A26 ❑ 「図書館実習」を科目として設けている大学は，実習先を用意（限定・指定）している場合が多いです。自分で実習先を探す場合も条件や方法など，大学の指示に従います。

解説

　司書課程が実習先のリストを用意している場合，学生はその中から選ぶことができます。単位として認めてもらうためには，その大学のルールに従って実習しなければなりません。

　自分で実習先を探す場合も，条件や方法など大学の指示に従います。それを参考にして実習先を見つけましょう。指示がない場合は，Q25の②，③を参考にしてください。

　一般に，学生が住んでいる自治体の公立図書館は，引き受けてくれる可能性が高いです。まず電話で問い合わせてみましょう。

　なお，インターネット上で「図書館実習」の実習生募集を行う図書館もありますので，Q14を参照してください。

> Q27 ⇨ 実習に対する心構えと，実習前にすべきことを教えてください
> A27 ❑ 実習に対する心構えは，①実習図書館への感謝の気持ちをもつこと，②熱意と責任感をもって実習に取り組むこと，③規律ある言動をすること，です。実習前にすべきことには，もろもろの手続きと事前調査とがあります。

解説

実習に対する心構え

① 実習図書館への感謝の気持ちをもつこと

　実習図書館が多忙な中で実習生を受け入れてくださっていることを忘れず，感謝の気持ちを持ちつづけることが必要です。

② 熱意と責任感をもって実習に取り組むこと

　「図書館実習」は大学の授業の一環として行うものですから，熱意と責任感をもって実習に取り組まなければなりません。実習生の言動は，すべて大学への評価となり，実習生自身の就職活動や後輩たちにも影響を与えることも心に銘記しましょう。

③ 規律ある言動をすること

　実習中は，実習図書館の秩序を乱したり，その運営に支障をきたすような行動をとってはいけません。必ず実習図書館の規則や実習担当者の指示に従ってください。ただし，わからないことは遠慮なく質問して，少しでも成長するように心がけてください。実習生の実習中の言動は評価の対象となります。

実習前にすべきこと：開始前の手続き

1. 可能であれば，受け入れが決定した実習図書館の担当者を実習前に訪問します。まず電話で都合をうかがい，担当者のご都合に合わせて，訪問する日時を決めます。
2. 事前訪問は，実習図書館のご都合で断られることや，実習生自身の事情（遠方，授業など）で難しい場合があります。その場合は実習図書館の指示に従い，臨機応変に対応してください。訪問しない場合は，電話やメールでのやりとりが中心になります。
3. 訪問日に，大学から指示された書類があれば持参します。たとえば，図書館実習出席簿など，実習中に担当者に記入していただく書類です。
4. 実習前に実習図書館に確認すべきことは，実習期間，実習開始時刻と終了時刻，実習中の服装，持参すべきもの，事前に学習・調査すべきこと，その他の注意事項です。
5. 実習が1か月以上の長期にわたる場合は，自宅と実習図書館間の学割の使用が可能な場合があります。該当する場合は，早めに学割を担当する部署（学生課等）に相談するとよいでしょう。

ほかに事前学習として，①図書館のサービスや業務に関する基本的な知識の確認と，②実習図書館の方針・特徴の調査があります。詳しくはQ4を参照してください。

Q28 ▷ 実習の時の服装や持ち物について教えてください

A28 ▫ 図書館によってルールが異なりますので，事前に実習図書館の担当者と連絡をとって，その指示に従います。

解説

実習前の挨拶は，スーツ着用が基本です。実習初日の服装は，事前に実習図書館に指示をあおぎ，その指示に従ってください。実習中の服装（靴を含む）は，職員の方々をお手本にし，実習に支障をきたさない，利用者に不快感をもたれない清潔な服装を心がけてください。

持ち物としては，出席簿に押すための印鑑，筆記用具，その他実習図書館から指示されたものを，忘れないように持参してください。実習図書館周辺の状況によっては，昼食持参が必要な場合もありますので，事前に確認してください。

詳しくは「実習に関する注意事項（図書館用）」（サンプル8）の③を参照してください。

> Q29 ▷ 実習中の注意事項としてはどのようなものがありますか
> A29 ❏ 実習生は，社会的な常識をふまえ，自分自身はもちろん大学の信用を失うような行動をとらないよう，注意しなければなりません。

解説

① 勝手な判断をしないこと

　最も大切なことは，実習図書館の服務規程に従うことです。わからないことは勝手に判断せず，必ず担当者に確認して行動しなければなりません。

② 無断欠席をしないこと

　欠席は原則として認められません。やむをえない理由で欠席する場合は，必ず事前に実習図書館に届けます。体調が悪くて欠席する場合は，実習の開始時刻までに連絡しましょう。

③ 遅刻をしないこと

　定められた実習開始時刻および終了時刻を厳守してください。万が一，遅刻をしそうになった場合は，必ず実習図書館にお詫びの連絡を入れなければなりません。

④ 無断帰宅をしないこと

　実習開始と終了時は，必ず実習担当者に挨拶します。無断で帰宅してはいけません。

⑤ 実習中は規則・指示を遵守すること

　休憩，食事などについては，実習図書館の規則や指示に従います。

⑥ 実習日誌は毎日記入し，提出すること

　実習日誌は，毎日記入して担当者に提出し，必ずコメントと確認印をもらってください。

⑦ 実習担当者の指導を優先すること

　実習担当者から指導があった場合は，大学で学んだことや自分の考えにとらわれず，謙虚に指導に従ってください。

⑧ 守秘義務

　実習生には，実習図書館で知り得た個人情報について守秘義務があります。実習中はもちろん実習後も，口外したりブログ等で流してはいけません。また，実習図書館の内部資料を許可なくコピーして持ち出すことも厳禁です。

> Q30 ➪ 実習生は実習終了後にも何かすべきことがありますか
> A30 ❏ 実習終了後にすべきことは，①実習担当教員への終了報告，②礼状の送付，③実習報告書の作成・提出です。④大学によっては実習報告会を開いて実習生に出席・報告を義務づける場合があります。

解説

① 実習担当教員への終了報告

　単位にかかわる実習はもちろん，単位にかかわらない場合でも（教員から紹介を受けた場合には必ず），担当教員へ実習が完了したことを速やかに直接またはメールで報告します。特に実習中に何らかの問題が発生した場合には，その詳細を必ず報告してください。

② 礼状の送付

　お世話になった側のマナーとして，礼状は必要です。礼状は遅くなれば誠意が伝わりにくくなりますので，できれば実習終了後 2，3 日以内に発送します（Q23 およびサンプル 11 を参照）。実習図書館へ提出すべき資料や文書がある場合は同封します。メールは用件を伝える略式なものなので，礼状には不向きです。

　礼状の内容としては，貴重な経験と学びについて具体例を挙げながら述べたうえで，心からの感謝の気持ちを丁寧に伝えるようにしてください。礼状の文章について心もとなければ，実習担当教員に見ていただくのもよいでしょう。

③ 実習報告書の作成・提出

　貴重な体験を振り返り，次の学びへつなげるためにも，実習体験を報告書にまとめることは重要です。また成績評価の対象にもなるため，実習報告書（レポート）の作成と提出は，ほとんどの司書課程で求められています。自分の大学のルールに従って，報告書を書いてください。作成の際には実習日誌が役に立ちます。

④ 実習報告会への参加

　大学によっては実習報告会を開いています。実習に行った学生は一人一人，異なる経験をしています。それを報告し合うことで，経験を共有し，自分の実習を振り返り，さらに学びを深めることができます。また，次年度以降に実習をしたいと考えている下級生を参加させることで，「図書館実習」の予習の場として活用することができます。

2.4 公立図書館編

> **Q31** 図書館が実習生を受け入れるメリットは何でしょうか
> **A31** 実習生を受け入れるメリットとしては，①図書館の仕事の見直しにつながります，②職員が刺激を受けます，③司書の養成に参画できます，④優れた学生を採用するきっかけが得られます，などがあります。

解説

① 図書館の仕事の見直しにつながります

　実習生を受け入れる図書館は，実務経験がない実習生を指導するために，彼らの視点から日常業務を見直すことになります。そのため，全国の実習生を受け入れたことがある公立図書館を対象とした調査[2]によりますと，ほぼ半数の図書館が「実習生の受け入れは仕事の見直しや職員の勉強になる」と回答しています。

② 職員が刺激を受けます

　実習生を指導する職員だけでなく，各々の業務・サービスを説明する担当職員にとっても，実習生の受け入れは刺激となります。実習生が質問をし，大学の授業で得た知識と実務現場との違いなどについて感想をもらすことで，多くの図書館員が新鮮な刺激を受けています。この事実は図書館の運営にプラスに働きます。

③ 司書の養成に参画できます

　実習生を受け入れる図書館は，実習生や担当教員との交流を通じて，司書の養成教育を分担しています。したがって，実習生の大学の司書課程に対して意見・感想を述べることができます。上記①で示した調査でも，252館中207の公立図書館（82.1％）が「公立図書館は司書の養成に協力すべき」とし，「社会教育機関として大学の教育にも協力すべき」という回答も120館（47.6％）にのぼりました。

　また，図書館と実習生や担当教員との交流によって，図書館における課題や最新情報の共有を促す効果をも期待することができます。

④ 優れた学生を採用するきっかけが得られます

　実習生を受け入れることで，図書館はその大学の司書課程の教育レベルと個々の実習生の質を確かめることができ，優れた職員を採用しようとする際の参考にすることができます。

Q32 ⇨ 職員数の少ない図書館でも実習生を受け入れることは可能でしょうか

A32 ⇨ 現実には，職員が比較的少ない町立・村立の図書館や市立図書館の分館などでも実習生を受け入れている例があります。

解説

　公立図書館を対象とした実習生受け入れに関する実態調査[1]によりますと，町立図書館の40.9％，村立図書館の12.0％が過去に司書課程の実習生を受け入れたことがあると回答しています。

　また，「今後，依頼があれば実習生を受け入れますか」という質問に対して，町立図書館の31.7％と村立図書館の16.0％が「受け入れる」という選択肢を選んでいました。これらに「検討する」という選択肢の回答を加えますと，町立の81.8％と村立の56.0％が実習生の受け入れに関して前向きな回答をしたことになります。

　さらに，同じ調査で，実習生を受け入れたことがない理由を問う質問に対して，「人的体制が不十分」という回答が回答数全体の41.0％でしたが，そのうちの95.0％はそもそも実習生の受け入れを依頼されたことがない図書館でした。

　このように，小規模な図書館でも実習生を受け入れた実績をもち，かつ前向きな姿勢を見せています。そこで図書館側の負担が少ないように工夫して，ぜひ，実習生を受け入れていただきたいと思います。実習生の人数は1名とし，受け入れの時期は図書館が忙しい時期と重ならないように設定することも可能です。

　世の中にあるのは大図書館ばかりではありません。小規模の図書館の実態を学ぶことも，実習の一つの意義です。しかも実習生にとっては，職員数が少ない図書館のほうが，職員や利用者との距離が近く，図書館業務の全体もつかみやすいというメリットもあるからです。

> **Q33** 実習生の受け入れを業務の一環として位置づけるべきでしょうか
> **A33** 実習生の受け入れは，業務の一環として位置づけるのが望ましいでしょう。

解説

　図書館が実習生を引き受けるということは，大学の授業科目である「図書館実習」の重要な部分を引き受け，大学の教員とともに指導を行うことを意味します。つまり，大学と実習生に対する責任がともなう，業務以外の何ものでもないと考えられます。

　ところが，実習生を受け入れている公立図書館の年次報告書やホームページには，図書館実習の報告があまり見られません。しかし，職員の時間と労力を割いて行う，責任ある業務である以上，それは図書館業務として位置づけるべきでしょう。

　また，受け入れる実習生に，「当該自治体出身である」，「当該自治体に居住している」，「大学が当該自治体にある」などの条件を設ける公立図書館が多いという事実から，図書館は実習生の受け入れを，地域（出身）住民や地域にある機関へのサービスの一種ととらえていると考えられます。

　このような理由からも，実習生を受け入れる図書館は，その一連の過程を業務として位置づけるのが適当だと思われます。

> **Q34** 受け入れる実習生に条件を設けることはできますか
> **A34** 公立図書館による実習生の受け入れは，制度的な義務ではありません。したがって基本的には実習生に条件を設けることができます。

解説

　現状では約3分の1（36.5％）の公立図書館が，何らかの条件に合う実習生だけを受け入れています。何も条件を設けない図書館は63.5％です[2]。実習生を受け入れる場合の条件は多い順に，「当自治体または近隣出身の学生」であること，次いで「当自治体または近隣に住む学生」，「当自治体または近隣にある大学の学生」です。

　そのほか，実習生の所属する大学を限定している図書館もありますし，学生の司書課程科目の履修状況や学年を条件とすることも可能です。なお，受け入れる実習生の人数について，受け入れる側の都合が優先・尊重されるべきなのは言うまでもありません。

Q35 実習生を指導するのはどのような職員が適当でしょうか

A35 基本的には，実習生の指導責任者は，その図書館において実務経験の豊富な司書が適任です。実際の業務の説明や指導は，各業務を担当する職員がふさわしく，この場合必ずしも資格にこだわらなくてもよいでしょう。

解説

　一般に資格を要する専門的な職業の養成課程における実習では，その職業の有資格者が指導担当者となります。諸外国の図書館情報専門職養成においても，司書等の有資格者が指導にあたるのが通例です。「図書館実習」は図書館の専門的な職員を養成する司書課程の科目として行うものですから，基本的にはベテランの司書有資格者が実習生の指導担当者となるべきです。私たちが行った調査でも，実習生を受け入れた公立図書館において，実習生の指導にあたった職員の条件として，①司書有資格者，②正規職員，③実務経験豊富な職員，の3つが順に上位にあがりました[2]。

　ただし，実際問題として，実習生への説明や指導のすべてを実務経験の豊富な有資格職員が担当できるわけではありません。したがって，実務経験の豊富な司書有資格者が実習生の指導責任者となり，個々の実務の説明や指導は，現にその仕事に従事している職員が行っても差し支えないでしょう。いずれにしろ，経験の浅い職員は実習生指導の適格者とは言えません。

> **Q36** 実習生受け入れの流れはどのようになっていますか
> **A36** 実習生の受け入れと指導を図書館の業務として位置づけますと，おおむね以下のような流れになります。Q1 および Q16 をも合わせて参照してください。

解説

① 年度の事業計画への組み入れ

　事業計画は前の年度に作成しますが，ここには実習生受け入れの大枠（時期と日数，受け入れ人数など）とともに必要に応じて経費を予算計上します。また，できればホームページや館報などの媒体を活用して広くPRしたいものです。

② 具体的・暫定的な実施計画の作成

　遅くとも年度当初には，実習生の受け入れと指導に関する具体的な実施計画を作成します。ここには，事業計画の大枠で決められている事項のほか，指導責任者，実習の予定内容，各業務の説明・指導担当者，準備する資料など，さまざまな細部を暫定的に決めます。計画が暫定的にならざるを得ないのは，実習の応募に不確実な要素があること，実習内容について大学側から何らかの要望が出される可能性があること，職員の人事異動の可能性があること，などが理由です。

③ 大学からの実習生受け入れの打診と依頼

　実習生受け入れの打診と依頼は，通常，大学の司書課程（教員または担当事務）からなされます。図書館の条件と大学の希望とが合致すれば実習生を受け入れる旨を大学に伝え（内諾）ますが，両者の条件が合わない場合は理由を示して謝絶することになります。

④ 実習生受け入れの依頼文書の受け取りと承諾書の返送

　実習生が確定（氏名と人数）したところで，大学は実習図書館へ正式な実習生受け入れの依頼文書を送付します。内容を確認のうえ，問題がなければ承諾書を大学あてに返送します。

⑤ 実習生向けの説明資料の作成

　実習前に実習生に理解しておいてほしい実習図書館に関する知識，実習の初日に行うオリエンテーションのための資料，個々の実習作業のための説明資料などを必要に応じて用意します。継続して実習生を受け入れている場合は，前年度の資料の見直しと部分的な改訂だけで済むことが多いでしょう。詳しくはQ38を参照してください。

⑥ 大学との合意文書の作成

　Q3の⑤および「覚書（合意文書）」（サンプル4）を参照してください。

⑦ 実習生への事前準備の指示

　受け入れることが決まった学生には，実習図書館としてあらかじめ頭に入れておいてほしいと考える事項を伝達します。上記⑤の関係資料を準備している場合には，学生に受け取りに来させるか送付します。実習初日の服装や持ち物に関する注意・説明などができるという意味では，学生を事前に来館させるのがよいでしょう。

⑧　実習オリエンテーション

　実習初日のオリエンテーションは，実習図書館のほとんどすべてで実施されています。ここでは，実習にのぞむ心構え（言葉づかいや利用者への応対の仕方などを含む），服務規程の関連事項，実習内容の予定などを，資料を用いて説明します。なお，言葉づかいなどは事前学習として大学で学んでくるよう，教員に連絡することも可能でしょう。

　図書館によっては，館長みずからがその図書館の運営に関する基本方針などを説明しています。また，オリエンテーションでは館内をくまなく案内し，各施設・設備の利用・使用方法に加えて，資料の配置と配列については特に丁寧に説明します。なぜならこれは，実習作業として行われることの多い書架整理のために必要であるほか，カウンターでの出納や簡易なレファレンス業務にも役立つからです。

⑨　実習期間中の司書課程教員との連絡

　トラブル等がない限り，実習中に実習図書館から教員に連絡をとる必要はありません。実習生とのコミュニケーションの必要性はむしろ教員側にあります。

　実習期間中に，教員が実習図書館を訪問し，実習の状況を確認する大学も少なくありません。

⑩　実習日誌

　原則として，学生は実習日誌に実習内容や感想を記録します。日誌には実習指導者または担当者の確認欄がありますので，毎日，押印やコメントの記入をします。また，日誌の提出を受けたときに，実習生の感想などを聞き，指導者（担当者）として気づいた点を話すことも大切でしょう。

⑪　実習反省会

　実習の最終日に，実習生と図書館の指導責任者，指導担当者が出席する反省会を催す図書館があります。これはいわば両者による実習の総括ですが，大いに意味のあることではないかと思われます。

⑫　実習生の評価と報告

　Q9を参照してください。

⑬　実習生による図書館への報告書

　図書館によっては，実習生に対して実習報告書の提出を求める例があります。図書館で上記⑪の実習反省会が行われない場合，あるいは司書課程での実習報告会が行われない場合は，実習生による実習報告書は有効でしょう。

　これに代わる措置としては，学生が教員に提出する実習報告書のコピーを，図書館に提出または送付するよう求めることが考えられます。

Q37 ⇨ 実習生の受け入れと指導のためのマニュアルは必要でしょうか
A37 ⇨ 実習生の受け入れと指導に関するマニュアルも備えておくと便利です。

解説

　実習生の受け入れと指導を毎年行うとすれば，いつ，何を，誰が，どの順序で，どのように行うか，それぞれの部分での注意事項は何か，などをわかりやすく記録・説明した実習用マニュアルを整備しておくと便利です。事実，かなりの図書館で「実習生受入マニュアル」や「実習担当覚書」といった名称のマニュアルが用意されています。一般的に業務マニュアルには，仕事を順序よくかつ統一的に進め，職務上の遺漏を防ぎ，担当者が交代したときの混乱を避けるなどの効用があります。

　ただし，実習生の受け入れと指導に関して年度によって何らかの変更があり得ますから，これを継続する場合は毎年の点検と見直しを欠かすことができません。このようにマニュアルは作成とメンテナンスに手間がかかりますが，それを補って余りある効用を期待できると思われます。

Q38 ⇨ 実習生のためにどのような資料を作成しておくべきでしょうか
A38 ⇨ 実習を効率的に行うため，実習図書館は，①実習生が実習に入る前に読んでおくべき資料，②実習の初日に行うオリエンテーションで配布する資料，③実習中に必要となる資料，などを作成しています。これらをまとめて「図書館実習生マニュアル」とするのも一つの方法でしょう。

解説

① 実習生が実習に入る前に読んでおくべき資料

　たとえば実習生を受け入れる図書館の方針や特徴，おもな利用者層，蔵書や貸出などの統計数値をまとめた最新の年次報告や，最近の図書館報（媒体を問わず）などの資料をあらかじめ読むように指示し，実習生が違和感なく職場環境になじむよう誘導します。

　また，実習生があらかじめ実習図書館の利用案内や組織（図）などに目を通しておくようにすれば，実習がより円滑に進むことが期待できます。以上のことが図書館のホームページで情報発信されている場合は，それを見るよう指示します。

② 実習の初日に行うオリエンテーションで配布する資料

　実習のオリエンテーションでは，実習実施計画ないしスケジュール（日程，時間，場所，内容，指導担当者など），実習生のふるまいに関する心得，その他の注意事項を説明し，あわせて館内を案内するのが一般的です。

　この説明・案内に際して配布するのが，「図書館実習の手引き」，「実習にあたっての注意事項」，「図書館実習ガイド」，「図書館実習のしおり」，「図書館実習要領」などと言われて

いる資料です（サンプル8）。

③ 実習中に必要となる資料

　実習では担当職員が特定のテーマについて，実習生に講義形式で話をすることがあります。テーマとしては，たとえばその図書館が所蔵している郷土資料，独自に編成しているレファレンス資料などがあります。このような場合に，少なくともレジュメ程度の資料をあらかじめ用意しておけば，実習生の理解が深まるでしょう。

　実習の内容としてレファレンスを含める場合は，実習作業時にタイミングよく適当なレファレンス依頼があるとは限らないため，レファレンスの問題を準備しておくと無難でしょう。

Q39 ▷ 実習生受け入れのPRは必要でしょうか
A39 ▷ 特定の大学の実習生を受け入れるのでなければ，実習図書館が実習生の受け入れをPRすることは望ましいと言えるでしょう。

解説

　特定の大学の実習生を受け入れるという方針でなければ，図書館が実習生の受け入れをPRするメリットはいろいろあります。まず，実習生の受け入れは先に述べたとおり，業務の一環として位置づけるべきものです。ですから，一般の利用者や教育委員会，図書館協議会などの関係者に見えにくい部分においても，図書館が着実に仕事をしていることをアピールする意味で，実習生受け入れの事実をPRすることは有意義だと思われます。

　また，実習生の受け入れをPRすれば，より多くの大学の司書課程からの応募が予想され，図書館にとって実習生の選択の幅が広がります。それにより，熱意のある優秀な学生を指導するとともに，将来の採用の参考にすることにもつながる可能性があります。実習生の中には，図書館への就職を希望している者も含まれています。採用の予定がある図書館は，求職者と採用側が出会う機会として，実習を積極的にPRし活用すべきです。

　図書館による実習生受け入れのPRは，実習を希望する学生が自分に適した図書館を選ぶ助けとなります。すなわち，その図書館と実習生受け入れに関する適切な情報を提供することによって，募集・応募のミスマッチングを防ぐことができます。

　Q33で実習生の受け入れは業務の一環として位置づけるのが望ましいと書きましたが，このPRも業務の一環と位置づけて，年次報告書（ホームページ，紙媒体）に記述するべきでしょう。手軽にできるPRの方法は，ホームページ，図書館報，年次報告書などへの掲載ですが，司書課程をもつ近隣の大学への連絡も有効であると思われます。

注・参照

(1) 川原亜希世・横山桂・中道厚子・前川和子「公立図書館における図書館実習受け入れの現状」(『図書館雑誌』104(5), 2010.5, pp. 292-295)
(2) 上記(1)の調査結果を踏まえて，この4名は2010年4月に，2008年度もしくは2009年度に実習生を受け入れた公立図書館を対象として，14項目にのぼる詳細なアンケート調査を行った。回答率は78.8%であった。この調査結果については，2010年9月に開催された近畿地区図書館学科協議会において川原が報告を行った。その時の配布資料が本書「参考資料」の「公立図書館における図書館実習受け入れの現状」である。
(3) 前川和子・中道厚子・川原亜希世・横山桂「司書課程における図書館実習の現状」(『図書館界』61(3), 2009.9, pp. 186-201)
(4) 川原亜希世・中道厚子・馬場俊明ほか「近畿地区大学図書館における司書採用の現状－就職の可能性を広げるために」(『図書館界』59(3), 2007.9, pp. 188-199)
(5) 2011年9月～11月，上記(3)の4名は，司書課程等を開設している大学・短期大学204校を対象に，図書館実習の実施状況に関するアンケート調査を行った。そのおもな目的は，2007年の調査以降，図書館実習の実施状況が変化したか否か，変化したとすればどのように変化したか，実習を実施しない（できない）理由は何か，などを知ることであった。

その調査結果は回答大学にのみ文書で報告し，雑誌等には発表しなかった。

3. サンプル集

サンプル1 図書館実習の手順とスケジュール

○○年度○○大学司書課程

図書館実習の手順とスケジュール

　以下は，○○年度図書館実習の手順とスケジュールです。随時これを参照し，わからない点は遠慮なく○○までお尋ねください。
　各種フォーマット（書式）は本学司書課程で配布したものを使ってください。ただし，実習図書館が定めたものがある場合は，それを使ってもかまいません。

実習説明会（○月○日）
例1：○月○日（曜日）○時～○時，○○において今年度（来年度）の図書館実習説明会を開催します。
例2：「図書館実習」は司書課程の○○科目（○○は，選択または必修）となっていますので，授業の中で実習の手順とスケジュールを説明します。
　ここで実習に必要な資料や文書（「実習希望調査票」「覚書」「図書館実習連絡先リスト」などの文書）を渡し，記入方法の説明なども行いますので，必ず出席してください。

履修登録（○月○日～○月○日）
例1：「図書館実習」は司書課程の選択科目（○単位）です。履修しなくても司書の資格を取得できますが，図書館への就職を希望する学生には，できるだけ履修することをお勧めします。
例2：「図書館実習」は本学司書課程の必修科目（○単位）です。履修しなければ司書の資格を取得できません。
　履修登録は他の科目と同じく，○月○日～○月○日の間に行ってください。

「実習希望調査票」の提出（○月○日～○月○日）
　「実習可能図書館一覧」から希望する図書館を探してください。「実習希望調査票」には必ず，第1希望から第3希望まで記入してください。
　「実習可能図書館一覧」に適当な図書館がない場合は，○○にご相談ください。

実習図書館への打診（○月○日～○月○日）
例1：実習図書館への打診は大学が責任をもって行います。できるだけ希望に沿うようにしますが，実習図書館の都合などによって第2，第3希望の図書館になる可能性もあります。
例2：地元の図書館など，「一覧」にない図書館での実習を希望する場合は，自分で図書館に電話等で連絡をし，実習させてもらえるかどうか確認します。了解をもらった後には速やかに○○に報告してください。大学から正式な依頼状を出します。

実習図書館の決定とその通知（○月○日）

　原則として○月○日までに，決まった実習図書館を掲示板（メール）で告知します。期日までに告知がなかった場合は，速やかに○○まで問い合わせてください。

「覚書」および「図書館実習連絡先リスト」の作成（○月○日～○月○日）

　「覚書」は大学，実習図書館，実習生の3者による，実習に関する約束事を文書化したものです。「図書館実習連絡先リスト」はその3者の連絡先をまとめたものです。特に「覚書」の内容をよく読み，書かれたことをしっかり守るようにしてください。

実習図書館への連絡（○月○日～○月○日）

　「実習に関する注意事項」の「2. 実習前にすべきこと」の説明に従って実習図書館へ連絡・挨拶などをしてください。

「実習図書館事前調査票」の作成・提出（○月○日～○月○日）

　実習を効果的に行うために，実習図書館の事前調査票を作成します。「実習図書館事前調査票」は○月○日までに作成し，○○へ提出してください。不完全な調査票はいったん返却し，再提出させる場合があります。

「実習に関する注意事項」（○月○日～○月○日）

　実習が始まるまでにもう一度「実習に関する注意事項」を注意深く読んでください。同時に，先輩たちの「図書館実習報告書」から「反省と感想」，「後輩へのアドバイス」などを読んでおいてください。

「図書館実習出席簿」への記入・捺印と「図書館実習日誌」への記入（実習中）

　実習中は毎日「出席簿」に必要事項を記入し，捺印してください。また，実習図書館の担当者にも捺印をお願いしてください。

　実習中は毎日「実習日誌」を記録し，実習担当者のチェックを受けてください。この日誌は実習終了後に作成する「図書館実習報告書」を書く際に役立ちます。

　実習終了後○日以内に「出席簿」（原本またはコピー）と「実習日誌」を○○へ提出してください。これを実習図書館に送り，評価の参考にしていただきます。その際，「報告書」を書くために，自分用にコピーをとることを忘れないようにしてください。

お礼状（実習直後）

　実習後2～3日以内に，「お礼状について」を参考にして，実習図書館へお礼状を出してください。

「図書館実習報告書」の提出（実習終了後）

　実習終了後○日以内に「実習報告書」を○○へ提出してください。「実習報告書」を提出しない場合は，この科目の単位が認定されません。

実習報告（反省）会（○月○日）

　○月○日○時から○○において，実習報告（反省）会を開催します。実習を通じて各自が学んだこと，発見したこと，考えたこと，反省点などを共有し，学びを深めます。また，これから実習する後輩たちにも，今後の参考になるよう，みなさんの経験を聞いてもらいます。お世話になった実習図書館の担当者の方々にもご出席いただく場合がありますので，必ず出席してください。

サンプル2 実習可能図書館一覧

　　年度　図書館実習

実習可能図書館一覧

注：「受入条件」欄が未記入の場合は，実習候補館から受入条件が付されていない。

図 書 館 名			
所　在　地	〒		
受 入 条 件			
受入可能期間		昨 年 度 本 学 実 習 生 数	人
受入可能日数		今年度本学実習生受入可能人数	人
備 考・注 意			

図 書 館 名			
所　在　地	〒		
受 入 条 件			
受入可能期間		昨 年 度 本 学 実 習 生 数	人
受入可能日数		今年度本学実習生受入可能人数	人
備 考・注 意			

図 書 館 名			
所　在　地	〒		
受 入 条 件			
受入可能期間		昨 年 度 本 学 実 習 生 数	人
受入可能日数		今年度本学実習生受入可能人数	人
備 考・注 意			

図 書 館 名			
所　在　地	〒		
受 入 条 件			
受入可能期間		昨 年 度 本 学 実 習 生 数	人
受入可能日数		今年度本学実習生受入可能人数	人
備 考・注 意			

サンプル❸ 実習希望調査票

◯◯年度　実習希望調査票

実習希望者

＿＿＿＿＿＿＿＿＿＿学部　　＿＿＿＿＿＿＿＿学科　　＿＿＿＿年

学籍番号＿＿＿＿＿＿＿＿　氏名＿＿＿＿＿＿＿＿＿＿＿＿＿＿＿＿

実習の前提

履修済み科目（下記の科目名の番号に◯印をつけなさい。）

1　科目名（◯単位），以下同　　2
3　　　　　　　　　　　　　　　4
5　　　　　　　　　　　　　　　6

司書課程の単位　　合計　＿＿＿＿＿単位を取得済み

希望する図書館

注：「実習可能図書館一覧」より，第1希望から第3希望まで記入してください。

第1希望：＿＿＿＿＿＿＿＿＿＿＿＿＿＿＿＿＿＿＿＿図書館
希望理由

第2希望：＿＿＿＿＿＿＿＿＿＿＿＿＿＿＿＿＿＿＿＿図書館
希望理由

第3希望：＿＿＿＿＿＿＿＿＿＿＿＿＿＿＿＿＿＿＿＿図書館
希望理由

サンプル4 覚書（合意文書）

覚　書

　○○大学（以下，「大学」という）と＿＿＿＿＿＿＿＿＿＿＿＿＿＿＿＿（以下,「実習図書館」という）は，下記の学生（以下,「実習生」という）を，図書館の実習生として受け入れることに関し，以下の通り覚書を締結する。

1. 実習生氏名（学籍番号）：＿＿＿＿＿＿＿＿＿＿＿＿（＿＿＿＿＿＿＿＿）
2. 実習受入条件

・実習期間：＿＿＿年　月　日～＿＿＿年　月　日　　　計＿＿日間
・実習受入担当者氏名：＿＿＿＿＿＿＿＿＿＿＿＿＿＿＿＿＿＿
・実習時間：＿＿時　分～＿＿時　分

3. その他の条件
（1）実習生は，就業規則をはじめ，実習図書館の職員に適用されている規則・規約に従う。
（2）実習開始時に，実習生は実習図書館から，その概要と実習内容についての説明を受けるものとし，以降の実習においては適宜指導を受けて業務を体験できるものとする。
（3）実習期間中に実習生が万一事故にあった場合は，その原因が実習図書館側に起因していることが明らかである場合を除き，基本的に実習図書館に賠償責任を求めない。
（4）実習生は，実習期間中に知りえた実習図書館の利用者の個人名や資料名等を，実習終了後も他には漏えいしない。大学は実習生に対し，図書館利用者のプライバシーを侵す行為をしてはならないことを徹底指導する。実習図書館は，実習生の個人情報に関しては，実習中や実習後も厳密な管理をする。
（5）大学は実習生の実習中（実習場所と住居の往復中を含む）における不慮の事故に備えて，△△△△保険（任意保険）に加入することを選抜の条件とする。
（6）この覚書の解釈に疑義が生じた場合，またはこの覚書に記載のない事項については，大学と実習図書館が協議の上決定する。

　　　　　年　月　日
　　　　　　実習図書館：＿＿＿＿＿＿＿＿＿＿＿＿＿＿＿＿＿＿　印

　　　　　　○○大学司書課程教員：＿＿＿＿＿＿＿＿＿＿＿＿＿　印

　　　　　　○○大学司書課程実習生：＿＿＿＿＿＿＿＿＿＿＿＿　印

サンプル5　図書館実習事前調査票

年度図書館実習			
<p align="center">**図書館実習　事前調査票**</p><p align="right">年　　月　　日現在</p>			
学　籍　番　号		ふりがな 氏　　　名	
学部・学科・学年	学部　　　　　　学科　　　　　　年		
連絡先（携帯等）		メールアドレス	
実習期間中の住所	〒		
実習図書館名			
実習図書館の住所	〒		
実習図書館の連絡先	受入担当者：		電話番号：
実習の期間	月　　日（　　）〜　　月　　日（　　）		
受入条件の有無	有：条件（　　　　　　　　　　　　　　　）・無		
実習図書館への交通手段とルート			所要時間 （片道） 　　：　　分

志望理由（実習図書館を選んだ理由）

この実習で特に学びたい業務・事項（業務は児童サービス，移動図書館，レファレンス業務，相互利用，障害者サービスなどから。説明を聞きたい事項は具体的に。）

実習図書館の特徴（沿革・方針・地域の特徴など。記入スペースが足りない場合は，各自で紙を足すこと。）
沿革・概要（図書館の歴史，本館と分館の構成，サービス対象人口，職員数，蔵書冊数，年間受入図書冊数，雑誌タイトル数など）
方針（生涯学習・社会教育についての自治体の方針，図書館の基本計画，読書推進計画・地域資料収集方針等）
地域の特徴（図書館を設置した自治体の成立年，人口，特徴など）
その他（広報（館報，HPなど）の有無など）
参考資料（図書館や自治体のHP，パンフレット，『図書館年鑑』，『日本の図書館：統計と名簿』など）

サンプル❻ 図書館実習連絡先リスト

○○年度図書館実習

図書館実習連絡先リスト

＊このリストは，コピーを4部作成し，実習図書館・実習生・大学・教員が1部ずつ所持します。

● 実習期間
   平成　　年　　月　　日　～　　月　　日

● 実習図書館
 図書館名　_____
 所在地　_____
 電話番号　_____
 担当者氏名　_____

● 実習生
 所属　_____学部　_____学科　____年
 学籍番号　_____
 氏名　_____
 連絡先（携帯電話）_____
 　　　（メールアドレス）_____

● ××大学司書課程（○○学部事務局）
 大学住所
 _____
 電話番号_____　FAX_____
 指導教員氏名　_____
 指導教員連絡先（電話）_____

サンプル7 実習に関する注意事項（司書課程用）

実習に関する注意事項

1. 実習に対する心構え

① 「図書館実習」は，本学司書課程の授業の一環として行うものです。実習生の言動は，すべて大学への評価となり，あなた自身の就職活動や後輩たちにも影響を与えます。また，あなたが実習させていただく図書館は，多忙な中であなたを受け入れてくださっています。感謝を忘れず，誠意と情熱をもって実習に取り組んでください。

② 実習中は，実習図書館の秩序を乱したり，その運営に支障を来たすような行動をとってはいけません。必ず，実習図書館の規則や実習担当者の指示に従ってください。

③ 実習終了後すみやかに，お世話になった実習図書館の関係者に，必ず「お礼状」を出してください。

2. 実習前にすべきこと

① 実習受け入れが決定した図書館の担当者を実習前に訪問します。まず事前に電話で都合をうかがい，担当者のご都合に合わせて，訪問する日時を決めます。電話の際は，言葉づかいや態度に気をつけ，訪問日時等は実習図書館・担当者のご都合に合わせてください。

② 事前訪問は，実習図書館のご都合で断られる場合や，遠方である・授業がある等あなた自身の事情で難しい場合があります。その際は，実習図書館の指示に従い，臨機応変に対応してください。訪問しない場合は，電話やメールでのやりとりが中心になりますが，実習先が多忙であることを忘れず，何度もお手数をかけないよう配慮してください。

③ 実習前に実習図書館に確認すべきことは，実習期間，実習開始時刻と終了時刻，実習中の服装，持参するもの，事前に学習・調査すべきこと，その他の注意事項です。

④ 実習が1か月以上の長期にわたる場合は，自宅と実習図書館間の学割が可能な場合があります。該当する人は，早めに学割を担当する部署（学生課等）に相談してください。

3. 実習中の注意事項

① 実習中は，実習図書館の服務規程に従ってください。わからないことは勝手に判断せず，必ず担当者に確認して行動してください。

② 欠席は原則として認められません。やむを得ない理由で欠席する場合は，必ず事前に実習先に届け，無断欠席は，絶対にしてはいけません。体調が悪くて急に欠席する場合は，実習の開始時刻までに連絡しましょう。

③ 定められた実習開始時刻および終了時刻を厳守してください。特に，遅刻は厳禁です。

万が一，遅刻をしそうになった場合は，必ず実習図書館に電話をし，お詫びをしたうえで，状況を説明してください。
④ 実習開始と終了時は，必ず実習担当者に報告します。無断で帰宅してはいけません。
⑤ 休憩，食事などについては，実習図書館の規則や指示に従ってください。
⑥ 実習日誌は，担当者に毎日提出し，必ず担当者にコメントと確認印をもらってください。その際，指定された提出時刻は厳守してください。
⑦ 実習図書館や担当者から指示や指導があった場合は，大学で学んだことや自分の考えにとらわれず，謙虚に従ってください。
⑧ 実習生には，実習先で知り得た個人情報について守秘義務があります。実習中はもちろん実習後も，口外したり，ブログ等で流してはいけません。また，実習先の内部資料を，許可なくコピーしたり持ち出したりしてはいけません。

実習中に持参するもの：
　出席簿に押すための印鑑，筆記用具，その他実習図書館から指示されたもの。
　図書館によっては，お茶や弁当を持参する必要がある。
　実習作業によってはタオル持参が望ましい場合がある。

4. 実習終了後にすべきこと

① 実習終了後2～3日中に，お世話になった実習図書館と担当者の方へお礼状を出してください。
② 実習日誌は，実習終了後，出席簿とともに〇月〇日までに，△△へ必ず提出してください。提出しない場合は単位が認定されません。
③ 実習報告書は，あなた自身が貴重な実習での経験を振り返ることで，今後に活かすとともに，後輩に次年度以降の図書館実習の参考資料として提供します。〇月〇日までに作成の上，下記の本学実習担当者に提出してください。提出の際は，第三者が読んで理解できるよう作成し，誤字脱字等を点検してから提出すること。
　提出先：abcdefg@hijklmn.ac.jp

サンプル8 実習に関する注意事項（図書館用）

実習に関する注意事項

① 日程・時間・休憩

日程　　〇年〇月〇日（曜日）　～　〇月〇日（曜日）
時間　　平日は〇時〇分～〇時〇分，土・日・祝日は〇時〇分～〇時〇分
　　　　館内への到着時と館外への退出時には，担当者に挨拶すること
　　　　原則として実習開始の10分前には図書館に到着しておくこと
休憩　　原則は〇時〇分～〇時〇分，場所は〇〇，その他，担当者の指示に従うこと

② 欠席・遅刻・早退

欠席　　急病等のやむを得ない場合を除き，前日までに連絡すること
遅刻　　遅刻しそうなことが判明した時点で速やかに連絡すること
早退　　担当者に事情を話して必ず事前に了解を得ること

③ 服装と持ち物

服装　　カジュアルすぎず，華美にならず，清潔で動きやすい服装にすること
　　　　履物は音の出にくい靴にすること
　　　　館内では図書館が貸与するもの（名札，エプロンなど）を身につけること
　　　　髪や装飾品等は常識の範囲内にすること
持ち物　通常の外出時の持ち物以外に，印鑑，ノート，筆記用具が必須
　　　　個人の持ち物は所定のロッカー等に置くこと（特に貴重品の管理に注意）
その他　お茶や弁当，タオル

④ 挨拶と言葉づかい

　　　　利用者とは「ですます調」で話し，カウンターでの挨拶や声かけは，担当者の指示に従うこと
　　　　職員に対しては，年長者であることを意識すること
　　　　幼児・児童への対応は担当者の指示に従うこと

⑤ 意識，態度と表情
意識　　利用者は図書館を利用する権利をもっていることを常に意識すること
　　　　利用者には「歓迎」の気持ちで接すること
　　　　実習作業は実践的な挑戦であると意識すること
　　　　熱意と責任感をもって見聞し，実践すること
表情　　利用者には笑顔で接すること
態度　　利用者が年下であっても偉そうな態度をとらないこと

⑥ 規律と応対
規律　　職場の服務規程を遵守すること
　　　　業務上知り得た秘密（特に利用者のプライバシー）を漏らさないこと
　　　　職員とは協調し，チームワークを乱さないこと
　　　　所定の実習場所を離れるときは職員の了解を得ること
応対　　利用者には正確・迅速・丁寧な行動によって応対すること
　　　　わからないときには必ず職員に質問し，その指示に従うこと
　　　　問題があると思われる利用者の言動に関しては，職員の指示を仰ぐこと
　　　　利用者とのトラブルが起きないように注意すること

⑦ 質問と感想・意見
質問　　疑問があれば，遠慮なく質問すること
意見　　意見があれば，聞いてもらえるかを確認してから述べること

⑧ 実習日誌
記入　　実習日の終了前○○分を使って記入し，当日中に担当者に提出すること
確認　　翌日，日誌を返却されたら，担当者の押印とコメントを確認すること

⑨ 事故への対応
保険加入　傷害保険と賠償責任保険への加入を再確認すること
事故　　事故や機器の不具合などが発生したときは，速やかに職員に相談すること

サンプル⑨　図書館実習出席簿

年度図書館実習

図書館実習出席簿

実習期間	年　月　日（　）　〜　年　月　日（　）		
実習図書館	名称		担当者お名前
実習生	大学　　　　　学部　　　　　学科　　年		
	学籍番号		氏名
出退時刻	実習開始		
	実習終了		

月日	/	/	/	/	/	/	/	/	/	/
曜日	( )	( )	( )	( )	( )	( )	( )	( )	( )	( )
実習生印										
確認印										
月日	/	/	/	/	/	/	/	/	/	/
曜日	( )	( )	( )	( )	( )	( )	( )	( )	( )	( )
実習生印										
確認印										

特記事項	

出席集計	出席すべき日数	日	最終日担当者サイン
	実際に出席した日数	日	

＜ご担当者へお願い＞
(1) 出席すべき日数は，大学と合意された日数をご記入ください。
(2) 「特記事項」欄には，欠勤・遅刻・早退など，実習生の出席状況をご記入ください。

＜実習生へ注意事項＞
(1) この出席簿は実習状況を証明する重要な書類です。担当者の指示に従い，正確に記入・押印すること。
(2) 遅刻・早退したときは，「実習生印」欄に，遅刻または早退と記入すること。

サンプル10 図書館実習日誌A（1ページ1日タイプ）

年度図書館実習

図書館実習日誌

大 学 名			実 習 生 氏　　名	
実習月日	月　　　日　　（　　）		実習時間	：　　　～　　　：

	時間帯	実習場所	業　務　内　容
実習内容			

感　　想	

反　　省	

担当者のコメント（できるだけご記入ください）

　　　　　　　　　　　　　　　　　　　　　　担当者お名前　　　　　　　　　印

3. サンプル集　67

図書館実習日誌B（1ページ2日タイプ）

年度図書館実習

図書館実習日誌

大 学 名		実 習 生 氏　　名	
実習月日	月　　日（　）	実習時間	：　　〜　　：
実習内容	時間帯	実習場所	業　務　内　容
感　想			
反　省			
担当者のコメント（できるだけご記入ください）			
		担当者お名前　　　　　　印	

実習月日	月　　日（　）	実習時間	：　　〜　　：
実習内容	時間帯	実習場所	業　務　内　容
感　想			
反　省			
担当者のコメント（できるだけご記入ください）			
		担当者お名前　　　　　　印	

サンプル11 お礼状について

お礼状について

1. **タイミング** ⇒ 実習終了後，すぐに手紙で。

　実習でお世話になったことへのお礼状は，遅くなればなるほど誠意が伝わらなくなります。間をおかずにすぐにお送りすること（できれば翌日，遅くとも2～3日中）。

　実習先に提出する書類がある場合は，一緒にお送りすること。

☆メールは用件を伝える略式なものであるので，お礼状に安易に使いません。

2. **内容** ⇒ お世話になったことを具体的にあげてお礼を。

　基本的な手紙のマナーを調べて，失礼がないようにします。

　どこかの文章をまねて書いても，感謝の気持ちは伝わりません。実習中にお世話になった点を具体的にあげて，お忙しい中お世話になったこと，貴重な経験・学びについて，心からのお礼を述べてください。

3. **注意** ⇒ 文中の機関名やお名前は略さず，間違わないこと。

　お世話になった目上の方への手紙に，キャラクターの入った便せん等を使ってはいけません。罫線のみの縦書きの白の便せんを用意すること。

　どんなに心のこもった文章でも，お名前を間違うと台無しです。細心の注意をはらって，図書館名・お名前はもちろん，誤字脱字がないか，点検してから出すようにしてください。間違った場合は，塗りつぶしたり修正液で消さずに書きなおすこと。

お礼状の一例

拝啓　ようやく暑さが和らぎ、空の高さに秋を感じるようになりました。皆様、いかがお過ごしでしょうか。

　夏休みのお忙しい時期に、十日間にわたって懇切丁寧なご指導をいただき、本当にありがとうございました。

　短い間でしたが、毎日の書架整理を通じて、自分の勉強不足を実感したり、カウンターできちんと敬語で話せない自分に落ち込んだり、自分の未熟さを思い知ることばかりでした。社会に出て働くためには、もっともっと勉強しなければならないことがあると分かりました。この経験を糧に、立派な社会人になれるよう努力します。本当にどうもありがとうございました。

　貴館のますますのご発展をこころよりお祈り申し上げます。

敬具

○○年○月×日

××大学○○学部×年　○田×美

××図書館館長　×山○男様

　　係長　　○野×恵様

サンプル 12 図書館実習報告書

年度図書館実習

図書館実習　報告書

学部・学科		学部		学科	学年	年
学籍番号			氏　名			
実習図書館 (正式名)			所在地	〒		
実習期間	年　月　日〜　月　日		日数	総　　　日	時間	総　　　時間

実習図書館の特徴

実習内容

理解・発見したこと，反省・感想，後輩へのアドバイス，実習の経験を今後にどう活かすか

（例：上記の内容を A4 サイズ 3〜5 枚にまとめる）

サンプル13：図書館実習評価用紙

年度図書館実習

図書館実習　評価用紙

大学名		学籍番号		実習生氏名	
実習図書館	名　称			館長氏名	
	所在地			担当者氏名	印

実習期間	年　　　月　　　日　～　　　　月　　　日

出席日数	日	欠席日数	日	遅刻	回	早退	回	総時間	時間

	評価項目（内容）	評　価	特記事項
実習態度	(1) 実習状況（遅刻・欠席・早退など）	優　・　良　・　可　・　不可	
	(2) 積極性（実習への自発性など）	優　・　良　・　可　・　不可	
	(3) 協調性（担当者との協調・信頼など）	優　・　良　・　可　・　不可	
	(4) その他（　　　　　　　　）	優　・　良　・　可　・　不可	
遂行力	(1) 実行力（目標を達成する実行力など）	優　・　良　・　可　・　不可	
	(2) 柔軟性（思考転換の柔軟性など）	優　・　良　・　可　・　不可	
	(3) 責任感（最後まで最善を尽くしているか）	優　・　良　・　可　・　不可	
	(4) その他（　　　　　　　　）	優　・　良　・　可　・　不可	
理解・判断力	(1) 業務（活動）内容の把握	優　・　良　・　可　・　不可	
	(2) 実習による知識習得	優　・　良　・　可　・　不可	
	(3) 遂行過程での改善・工夫	優　・　良　・　可　・　不可	
	(4) その他（　　　　　　　　）	優　・　良　・　可　・　不可	
総合所見	総合評価　　　優・良・可・不可		

4. 参考資料

諸外国における図書館実習の実施状況といくつかの事例

A 諸外国における図書館実習の実施状況

　国際図書館連盟（IFLA）の専門職委員会は，2012年8月に「図書館情報専門職教育プログラムのためのガイドライン－2012」を採択した。このガイドラインの全体は，「大きな枠組み」，「図書館情報学プログラムがカバーすべき核となる要素」，「カリキュラム」，「教員とスタッフ」，「学生」，「支援」，「教育資源と施設設備」という7つの大枠からなっている[1]。

　その第3枠である「カリキュラム」の中に「実習，インターンシップまたはフィールドワーク」という項目があり，その説明には，「このプログラムは，学生が専門的な理論とその実務への適用との相互作用を認識できるようにするために，適切な手段を具体化すべきである」という一文が含まれている。

　2007年に出版された『図書館，文書館および情報科学の教育に関する世界ガイド』（第3版）は，全世界の図書館情報学・文書館学の教育機関に関するガイドブックである。この書物は，①古いデータが混在していること，②機関ごとのデータの精粗がはなはだしく，詳細不明の大学が少なくないこと，③日本の図書館情報学教育機関が実際の20分の1以下しか掲載されていないこと，などによってかなりの部分で信頼性に疑問符をつけざるを得ない。しかしながら，各機関の科目構成，修了要件，必要な履修単位や学習時間などの項目に実習に関する記述が含まれている場合があり，多くの国の図書館情報学教育機関での現場実習を確認することができる[2]。

　このガイドブックで使われている実習を意味する用語はきわめて多様である。最も多いのが practical work で，多くの文献に頻出する fieldwork や internship, practicum のほかにも，field experience, field placement, field studies, in-service training, practical experience, practical studies, practical training, practicals などが使われ，めずらしい名称としては韓国の淑明女子大学の library field workshop やアメリカのドレクセル大学の team project practicum などというものもある。

　これらの用語によって確認できる実習実施教育機関の多い国は，中国，インド，フィリピン，ロシア，南アフリカ共和国，タイ，アメリカ合衆国などであるが，このほとんどが人口の多い国であるため，単に数が多いというだけであって，図書館情報学教育機関に占める実習実施機関の割合が高いと即断することはできない。

　ヨーロッパでは，2005年に一部の国を除く約200の図書館情報学スクールに対して，ヨ

ーロッパ図書館情報教育研究協会（EUCLID）による実態調査が行われた。電子質問票に回答した機関の割合は約25％と高くはないものの，そのほとんど（89％）でフィールドワーク訓練が実施されており，実施していない機関の割合は12％だった。実施期間に関する回答の中で最も多かったのは1〜6か月で，全体の56％であった[3]。

　イギリス，ドイツ，フランスでは，実態は一様でないが，おおむねの情報専門職の養成において実習を採り入れている。たとえばイギリスでは，図書館情報専門家協会（CILIP）が認定した情報専門職養成大学のほとんどのコースで就業体験（work placement）や実務経験の科目が用意されている。ドイツの情報専門職教育は伝統的に実地教育を重んじてきており，3つの資格のうち初級と中級に相当する第1・第2レベルではいずれもかなり長期の実習が必修となっている[4]。たとえばシュツットガルト・メディア大学の学士プログラムには6週間の就業体験が2回と，3か月のものが1回含まれている[5]。また，フランスで上級司書免許を取得するためには，1年半の教育期間中に12週間の実地研修を行わなければならない[6]。スペインでは，図書館情報学の基礎科目を履修する学士課程の卒業要件単位の中に図書館実習（240時間，12単位）がある。この国の教育文化省が1991年に設けた修士課程のガイドラインには実習や演習の科目が入っていないが，グラナダ大学のように実習を組み込んでいる例もある[7]。

　デンマークで情報専門職の養成を一手に引き受けている王立図書館情報学スクールでは学士レベルから博士レベルまでの教育を行っているが，この国の養成システムの特徴の一つは，学生が学士課程を修了した後に実習（practical field-project）に取りかかることである。すなわち，大学で3年間学べば図書館情報学の学士号を取得できるが，王立スクール図書館員（Bibliotekar DB）の称号を得るには1学期間にわたる現場実習のプロジェクトに従事しなければならないのである[8]。

　アメリカでは，図書館専門職養成の100年以上にわたる歴史の中で，理論と実践のいずれを重視するかという議論がつづき，図書館実習を実施する機関数は増減を繰り返してきた。2002年現在，アメリカ図書館協会（ALA）が認定した修士課程プログラムのほとんどは実習をカリキュラムに組み込んでいるが，その多くが選択科目としてであり，これを必修科目としている大学はわずかに9校しかない[9]。

　ちなみに，ALAが設けている修士課程図書館情報学プログラムの認定基準が理念的であるのに対し，アメリカとカナダで組織された図書館情報学教育協会（ALISE）がつくった図書館情報学教育における現場体験に関するガイドラインは，学生・担当教員・実習生受入機関の指導者それぞれが負うべき責任をかなり具体的に示している[10]。すなわち，多くの側面でアメリカと似ているカナダの図書館界は，情報専門職の養成における実習の扱いでも同様である。

　ラテンアメリカ諸国の図書館情報学教育プログラムにおける実習を調査した結果報告によれば，12か国37校のうち31校はほとんどが必修という形で実習を採り入れている。これらの中には卒業するまでに複数回（2〜4回）の実習体験を課す大学が11校あり，実習

時間数は100時間以内が3校，それ以外は200時間台，300時間台が多い。最長はハバナ大学（キューバ）の800時間で，ここでは4年間の年度末ごとに実習を行うことになっている[11]。

インドでは2001年にUGC（University Grant Commission）が図書館情報学カリキュラムのモデルを勧告し，大多数の大学はこのカリキュラムを受け入れて図書館情報学を2年間の修士課程に変更した。これらの課程の卒業生や担当教員は，インターンシップが適切かつ実際的なノウハウを得るために重要な役割を果たすと考えている[12]。

中東湾岸諸国（オマーン，クウェート，サウジアラビアの6大学）における図書館情報学教育に関する調査によれば，時間数や期間はまちまちながら，すべての大学で実習（フィールドワーク）が卒業要件となっている[13]。

先に見た『図書館，文書館および情報科学の教育に関する世界ガイド』（第3版）によれば，アジアの中国，韓国，フィリピン，タイのほか，ほとんどの国で図書館実習が実施されており，韓国ではかつて必修科目だった図書館での実務経験が，現在では選択科目となっている[14]。オーストラリアでは，オーストラリア図書館情報協会（ALIA）が図書館情報学コースの認定に用いる基準の「カリキュラム内容」で，就業やフィールドワークの体験を通じて学生に実務経験の機会を提供すべきだと定めている[15]。

アフリカの8つの国（ボツワナ，ケニア，ウガンダ，ジンバブエ，ナミビア，セネガル，ザンビア，南アフリカ共和国）の14の図書館情報学教育カリキュラムを分析した結果によれば，対象大学のすべてにおいて実習（fieldwork and practical）が図書館や情報センターで行われている。ただし，3年ないし4年の修学期間中，実習は3週間から6か月の幅の間で実施されており，内容的にも違いがはなはだしいということである[16]。

このように，情報専門職養成教育の一環として学生が図書館や情報センターなどへ出向いて職場体験をする点はおおむね世界共通であるのに対し，国家間または国内の大学間に顕著な違いのあるのが，①カリキュラムの中に実習を含めることが義務化されているか否か，②実習は必修科目か選択科目か，③実習の日数または時間数，などである。

したがって，確実に言えることは，情報専門職の養成に際して，カリキュラムに実習を含めることが図書館の発達・普及している国々における共通の傾向だということだけである。

B　いくつかの事例[17]

（1）　イリノイ大学の図書館実習[18]

イリノイ大学図書館情報学大学院における図書館実習は2単位の選択科目で，通常は1セメスターの間に図書館または情報センターで指導を受けながら100時間の就業経験を積むものであり，実習によって学生は報酬を得ることはできない。また，過去あるいは現在，就労経験をした（している）機関で実習をすることはできない。

この大学では実習とインターンシップとを明確に区別しており，インターンシップは単位の対象とならない就業体験であるとして，インターンシップ生は何日でも何時間でも，またどこで働いてもよく，賃金の支払いを受ける場合と受けない場合とがある。

① 実習の関係者

　実習の関係者は，学生，学生を受け入れる機関の職員（site supervisor，以下，実習機関の「指導者」），学部アドバイザー（faculty advisor），学部の実習コーディネータ（practicum coordinator）の4種類である。

　実習コーディネータは1名で，総合的な調整役として，実習に関するさまざまなデータベースの維持，実習の目的や要件の広報，実習生受入機関との連絡などに責任をもつ。

　学部アドバイザーは8名の教員からなり，実習を希望する学生はそれらの教員の研究分野や職業体験を確認して自分のアドバイザーになってもらうよう依頼する。学部アドバイザーは学生が実習機関を選ぶ段階から支援を始め，期間中は学生だけでなく実習機関の指導者の相談にも応じ，学生の最終成績を決定して責任を果たすことになる。

　学生を受け入れる機関の職員は有資格の専門職でなければならない。この指導者は，学生と実習契約書を交わし，そこに盛られた実習計画に従って学生の活動を指導・監督し，実習の終わりにあたって作成する学生の活動実績レビューを学部アドバイザーに伝えることで責任をまっとうすることになる。

② 実習の準備

　ウェブサイト上には，実習の概要，学生のための情報，実習機関の指導者のための情報，学部アドバイザーのための情報のほか，卒業生の実習経験記録集とアドバイスおよびコメント，実習生を受け入れる可能性のある機関のリスト，実習生が過去に行った特別プロジェクトのリスト，実習機関の指導者の感想などが掲載され，これから実習を始めようとする学生に多様で豊富な情報を提供している。

　実習を希望する学生は，実習を行うセメスターの直前のセメスターに準備を始める。すなわち，自分の将来の目標にあう経験をするのに適した図書館や情報機関を見出すために，学部が用意したリストを調べ，実習レジュメをつくって一人または複数の学部アドバイザーの助言を求める。

　学部アドバイザーが決まった学生は，受け入れてくれる可能性のある図書館等の実習指導者と会って，レジュメを見せながら実習の範囲や内容について話し合う。

　実習機関の指導者と合意に達した学生は，実習契約書と特別プロジェクトの要旨を実習コーディネータに提出して学部の承認を求める。特別プロジェクトというのは，実習生を受け入れる機関が直面している問題を解決しようとする作業である。したがって，学生は自分の関心と受入機関の必要性との両方をみたすために，実習機関の指導者と協議してそのテーマを決めなければならない。この特別プロジェクトに費やすことのできる時間は，全100時間の実習時間のうちの25時間以内と決められている。特別プロジェクトのほかに，学部アドバイザーが追加の課題を課すことがある。具体的には，日誌をつけること，書誌

や文献の検索などである。

実習契約書には学生の基礎データ（名前，住所，電話番号，メールアドレス，学部アドバーザー，実習機関の指導者など），実習の内容，特別プロジェクトの概要，仕事の予定時間などを記載し，これを実習コーディネータが承認する。

③ 実習の内容と評価

実習生はまず実習機関の指導者からオリエンテーションを受ける。内容は，その機関の使命と目標，サービス対象となるコミュニティ，組織機構，職員とその役割，財政，建物のスペースと設備，テクニカルサービス，情報サービス，その機関の強みなどである。

次いで，実習契約に基づいて，実習機関の指導者の指導・監督・助言を参考にしながら，興味のある専門的な仕事（たとえば目録作成，学校図書館でのサービスなど）に従事する。時間は特別プロジェクトに必要な25時間を差し引いた75時間である。

ウェブサイトに公開されている特別プロジェクトの102項目のサンプルリストによれば，実習先の内訳は大学図書館32件，公共図書館31件，専門図書館25件，学校図書館11件である。それぞれの例としては，大学図書館では「Medlineの利用ガイドの準備」，公共図書館では「貸出統計を利用しての娯楽ビデオのウィーディング」，専門図書館では「写真コレクションのデータベースとウェブ検索機能の作成」，学校図書館では「ストーリータイムの計画と評価」などがあがっている。

期間中，学生と実習機関の指導者は定期的にミーティングを行うほか，学部アドバイザーも学生や実習指導者と電話または直接にミーティングの機会を設ける。学生はまた，経験を他の実習生と共有するために，学部による実習コースのフォーラムに出席する。

学生の評価は，①実習機関の指導者による実績レビュー（学生の態度，熱意，契約の履行，特別プロジェクトなどについて，学生と実習指導者とが話し合ったうえで作成），②実習コースのフォーラムへの積極的な参加，③求められた課題への対応，などを勘案して学部アドバイザーが総合的に行う。

④ 大学から受入機関へのお礼

イリノイ大学の図書館情報学修士課程は，受入機関とその担当指導者への感謝のしるしとして，「授業料および謝金の免除権」を与えることにしている。実習生を実際に指導した専門職は，イリノイ大学の3つのキャンパス（アーバナ・シャンペーン，シカゴ，スプリングフィールド）のいずれかにおいて，1セメスターの間，無料でフルタイムまたはパートタイムのコース登録ができるのである。また，4人以上の実習生を引き受けた機関は，ボーナス的なこの権利を組織としてプールして，それをフルタイムの職員などに使わせることができる。

(2) カーティン工科大学の図書館実習[19]

カーティン工科大学は西オーストラリア州最大規模の公立大学で，キャンパスは州内の7か所にあり，メインキャンパスはパース近くのベントレーである。この大学では多くの

教育プログラムの中に実習を採り入れている。情報専門職を養成する人文学部情報研究学科では，文書館や情報／記録管理の分野と同じく図書館情報学の分野でも，学士課程・修士課程に登録したすべての学生にとって実習が必修である。

この大学の図書館実習の特徴の一つは，学部課程の初年度と3年目との2度にわたって実習を行わなければならないことである。実習の時期は，他の授業に悪影響を及ぼさないように，セメスターの終了と次のセメスターの開始の間となっている。

実習生は実習中の仕事への対価を受けることはなく，実習メンターや受入機関も指導することで何らかの支払いを受けることがない。実習メンターは実習生の指導を専門的な活動の一環として行うのである。

① 実習の関係者

実習には，学生，大学の実習コーディネータ（practicum coordinator），図書館情報サービス機関や記録管理センターなどの実習メンター（practicum mentor）が協力することになっている。

大学の実習コーディネータが責任をもつのは，実習に関する資料の準備，実習メンターや実習生のデータベースの組織化，実習関連ウェブサイトの更新，実習そのものの組織化，などである。実習コーディネータはまた，図書館等の実習指導者との最初の連絡にも責任をもつ。なぜなら，実習生の受入機関には，時に職員や技術的な問題など学生の知り得ない制約が存在するからである。

実習メンターは実習生を受け入れる機関の職員で，関連の専門資格をもっていなければならない。実習の始まる前に，実習メンターは学生のために仕事のスケジュールを含む実習プログラムを示し，実習の初めには職場に関するオリエンテーションを行う。実習の終了に際しては，「実習メンター評価書式」に従って学生の個人的・専門的・技術的な能力の評価を行い，終了後2週間以内に評価書を実習コーディネータに提出する。

② 実習の準備

学科のウェブサイトには実習マニュアルが掲載されているほか，実習コーディネータが広報電子メールによって実習の手順をすべての学生に伝達する。

学生は「実習申込書」に希望する情報サービス機関を3つ記入し，実習コーディネータは優先順位に従って情報サービス機関に連絡し，受け入れてくれる機関を決定するが，それが実習組織として適性を備えているかを慎重に判断するのは言うまでもない。

学生は実習申込書にそえて所属，修了した科目，過去の教育背景，雇用歴などを明らかにする「簡単な履歴書」，「詳しい連絡先」などの書類をも提出する。履歴書は実習機関が学生に関する情報をあらかじめ入手するために重要なものである。同時に学生は，実習コーディネータと相談しながら実習計画を立て，実習先のメンターと面接する。

③ 実習の内容と評価

学部課程初年度の学生は，それぞれの受入機関において，2週間にわたって若い図書館職員に典型的ともいえる事務的な仕事に従事する。それらの職務としては排架と書架のチ

ェック，貸出カウンターでの出納業務，リクエストの処理，ちらしやパンフレットの整備，レファレンス係の補助，コンピュータ目録へのデータ入力などがあり，これらはいずれも日本の多くの図書館実習生が経験するものである。

　初年度の実習生にとって，反省日誌を記録することが必須の要件である。学科のウェブサイトには「反省実行のためのチェックリスト」が掲載されているが，その内容は情報サービス機関のほとんどすべての側面を網羅しており，たとえば物理的環境の項目だけでも，利用者のアクセスのしやすさ，建物の機能と魅力，増築への配慮，全体のレイアウト，資料収納スペースの効率性，利用者の可動性，事務室の広さと採光・換気，家具や書架，トイレの配置などを，こと細かに例示している。サービス，職員，蔵書，運営，ハードウェアとソフトウェアについても同様である。

　これらの具体的な例示は，図書館などの情報サービス機関についてまだよく知らない学生が，2週間の間にできるだけ多くを観察し，知見を広げることを促すのに役立っているものと思われる。同時に，実習後，学生の提出した日誌を読む学科のスタッフが，個々の図書館等の統計や年次報告に現れない実状を知るよすがともなるであろう。

　学部課程3年目の学生は，図書館情報サービス機関において専門的な職務を3週間にわたって経験する。仕事の具体例としては，資料の選択と発注，索引・要約の作成，新規資料の分類と目録，ウェブページの作成と維持，データベースとイントラネットの開発，アウトリーチ活動などがある。

　これらの特定任務のほか，3年目の学生は，実習期間内の自由時間中に小さなプロジェクトを実施するよう求められる。このプロジェクトの内容は学生と実習メンターが相談して決め，学生だけでなく受入機関にとってもメリットのあるものとする。

　初年度の学生に対する評価は，学科のスタッフが反省日誌を査定するほか，実習メンターによる学生の実績評価，学生自身が行う実習過程の評価からなる。3年目の学生に対する評価は，実習経験に基礎をおき，学生の実施したプロジェクトを加えて実習メンターが行い，学生の自己評価を加味する点は初年度の学生と同様である。

(3) フロニンゲン大学の図書館実習[20]

　フロニンゲン大学はオランダ北部のフロニンゲン市にある大学で，1614年創立という長い歴史を誇り，学生数が27,000を超える大規模大学である。

　オランダでは図書館情報学の教育プログラムにおいて実習が常に重要視されてきた。その大きな理由は，この国の大学における図書館情報学分野の教員の多くが，教育者となる以前に図書館等に勤務し，その実務経験を尊重する傾向が図書館界で強かったということである。

　この大学の図書館実習は4年制のメディア・情報管理コースで導入されているが，複数の時点でさまざまなレベルの専門的な業務環境に参加するのが一つの特徴である。まず1年目と2年目は，学生が図書館や情報機関を訪問するとともに，それらの機関から実務者

を招いてゲスト講義が行われる。3年目の実習として，学生は図書館等において特定の仕事に従事する。

3年目の実習は，9月から1月，または2月から6月の5か月間にわたって約100日の就業日の間つづく。その間，学生は週に5日，フルタイムで働く。実習を3年目に位置づけるのは，実習生が基礎的な知識を身につけていることを前提とするからであり，1セメスターという長い実習期間をとるのは，学生により広く深い経験をさせるとともに，受入機関と良好な関係を築きながら仕事によって貢献することを期待するからである。したがって実習生は，2年目までに最低45ヨーロッパ単位（EU域内大学の単位互換制度＝ECTSによる単位）を修得していなければならないことになっている。

① 実習の関係者

実習の関係者は，学生，教育スタッフの一員である実習コーチ，実習生を受け入れる機関の実習指導者である。

あらかじめ学生は実習における学習の目標とコーチングについてコーチと話し合っておき，コーチは実習中のプロセスをとどこおりなく進めるために，少なくとも3週間に一度は学生と接触する。実習コーチはまた，実習が始まってから約4週間後と実習が終わるおよそ2週間前に，学生の実習先を訪問する。

受入機関の指導者は，実習生と実習の進捗状況について定期的に話し合いながら，実習生を毎日コーチングする責任をもつ。

② 実習の準備

実習に関する説明その他の文書はウェブサイト上の「黒板」や「討論掲示板」に用意されており，あらかじめ学生はそこで先輩の実習レポートを読み，経験談をやりとりし，質問することができる。

大学は実習機関に関する要件を決めており，それらは，活動と責任が多様であること，革新的なプロジェクトを推進していること，経験豊かな情報専門職の指導を受けられること，適切な作業場所と設備がそなわっていること，などである。この基準に合致してすでに採用したことのある実習先については，大学がデータベースに登録・運用しているが，学生の独立独行を推奨する意味から，大学としては学生自らが実習先を選択するように指導している。

その後，実習を始めようとする学生は「個人啓発計画」をつくって実習コーチと相談し，学習目標を準備する。学生，実習コーチおよび実習指導者は，組織内でのオリエンテーション，特定の課題の計画づくりなどについてミーティングを行う。

③ 実習の内容と評価

実習期間が長く，学生が図書館情報学に関する基礎知識を身につけているだけに，実習の内容はもりだくさんである。それらは，大きく分けて3種類である。

第1は情報専門職の日常業務を経験することであり，具体的にはレファレンスサービス，利用者の情報ニーズの調査，イントラネットの利用分析，ウェブサイトを改善するための

提案，さまざまな利用者グループ用のプログラムの実践と評価などがある。

　第2は特定課題プロジェクトで，これは学生が問題解決と計画立案のスキルを向上させるためのものである。その課題は受入機関の現実のニーズに起因し，学生の関心に合致し，実習期間中に完了させることができなければならない。具体例としては，情報資源の評価，既存のユーザーインタフェースの改善策の提案，新領域のシソーラスの開発，新しいウェブサイトの設計などがある。特定課題のレポートは最長10ページに記述し，普通は受入機関のために作成する。

　第3は当該職場の環境分析ともいうべきもので，各部署の活動，社会の中の組織などについて広い視野から分析・考察するものである。これに関するレポートは，参加した日常業務についての報告とあわせて最長15ページの「実習レポート」としてまとめなければならない。

　そのほか，実習期間の中間に実習生が「大学へ戻る日」（Return day）が設定され，これは実習の必須要素となっている。その日，学生は実習について実習コーチや同級生とミーティングを行い，特定課題，実習の価値，学習目標の実現の仕方などについて話し合うことになっている。

　学生の評価は，学生の日常業務の遂行ぶりや職場内でのふるまいについて受入機関が進歩の度合いを評価し，教員は学生のレポートを査定するとともに実習指導者の評価を加味して総合評価を行う。

④　図書館情報学スクールと受入機関のメリット

　Gerda van der Molen によれば，「図書館情報学スクールと実習にたずさわる教員が図書館や情報ユニットと定期的に接触することは，それらの組織内で起こっている変化が求める専門職の能力について各教員が判断し，直面する課題に対応するための適切な方法，モデル，理論を選び，教室で概念やカテゴリーを説明する例を見つけるための有力な情報を得ることになる。このように実習は，職業世界とのリンクを強化し，新しい状態を保ち，現実との接触を失う危険を避けるためのよい手段となる」。

　一方，多くのホスト機関が認識している実習生受け入れのメリットは，学生の発する質問が職員を刺激すること，学生が図書館情報学の分野における新しい傾向と発展についての情報源となりうること，学生がそれなりの能力をもって仕事をこなす臨時職員となりうること，実習生受け入れが新規採用職員の選抜ツールとなりうること，などである。

（4）マギル大学の図書館実習[21]

　マギル大学は1821年にカナダのモントリオールに創立され，現在学生数36,500を超える大規模大学である。

　この大学の図書館実習は情報研究スクールの3単位の選択科目として夏と冬の年2回実施されている。期間および時間は，2011年の場合，冬が1月4日から4月8日まで，夏が5月2日から7月29日までで，それぞれ約3か月である。12週間の間に120時間，少な

くとも50％は現場での作業が必修となっている。

実習に参加するためには，学生は必修4科目を含む最低18単位を修得していなければならず，登録に際して学内アドバイザーと実習コーディネータの承認を得なければならない。

スクールが考えている実習の目的は，学生が教室で学んだ専門分野の知識とスキルを実践しつつ，図書館情報組織における役割とサービスや情報専門職の義務と責任を理解することである。

① 実習の関係者

実習の直接の関係者は，学生，実習コーディネータ，受入機関の現場指導者の3者である。学生は受入機関の指導者のガイダンスと指導を受けながら，作業計画に基づいて仕事をするとともに，自発的な学習をも行う。実習コーディネータは文書管理，知識管理，図書館学の3分野の教授で，学生と受入機関とのマッチングの調整，その両者からの質問や関心事に対応する連絡役となる。有資格の専門家でなければならないとされている現場の指導者は，あらかじめ機関に関する情報を作成して実習コーディネータに提供するとともに，学生および実習コーディネータと協力して実習の目標を設定し，実習期間中は学生の活動を指導監督する。

実習生受入機関があらかじめ提供する情報には，学生に期待する知識や興味，言語スキル，学生が実施できるプロジェクトや実務活動の種類，機関の特徴やおもな利用者とサービス，などを含めることになっている。

② 実習の準備

学生はまず実習のプロセスを知るためにスクールの説明会に出席し，応募の意思をもてば，自分の学内アドバイザーや実習コーディネータに相談する。大学がウェブサイトに説明つきの実習生受入機関リストを掲載しているので，学生は自分の行ってみたい機関を最大3つ選択する。学生が期日までに大学に提出する書類は，実習申込書，履歴書，受入機関ごとに応募理由を示す添え手紙，履修済み科目のリストなどである。

実習コーディネータは学生の応募内容に応じて受入機関に2〜3名の学生を提案する。機関の指導者が面接する学生を選んで実習コーディネータに連絡し，それを受けてコーディネータが機関の現場指導者名と連絡方法を学生に教える。学生は現場指導者に連絡して面接を受け，採否の通知は現場指導者から実習コーディネータをへて学生に伝わることになる。

その後，学生と現場指導者は作業計画をつくったうえで合意文書に署名し，その文書を学生が実習コーディネータに提出する。作業計画は学生が実行する予定のプロジェクトの目標や必要な資源，全体の範囲などをごく簡略に記述したものである。ちなみに，プロジェクトの詳しいスケジュールは機関の指導者が準備するが，その一般的なフォーマットは，第1週から第12週まで週ごとの活動内容と提出物を表形式にしたものである。

③ 実習の内容と評価

実習内容のモデルないしタイプには3種類がある。第1はプロジェクトを基本とするも

ので，学生は一つまたは複数の専門レベルのプロジェクトを実施する。図書館学関係のプロジェクトの例としては，利用者用の資料／サービスのガイドの，印刷物またはダウンロード可能なファイルの作成，典拠ファイルの更新と有効化，ウェブ2.0の研究などがある。第2は実務作業を基本とするもので，学生はすべての業務とサービスを観察し，いくつかの仕事に参加する。具体的には貸出やレファレンスサービス，目録レコードの作成などがある。第3はプロジェクトと業務参加の組合せで，学生が両方のアプローチを行うものである。

　実習中，学生は数種類の報告をつくらなければならない。まず，ログ（log）と称する週間の活動記録を週ごとに実習指導者に提出し，中間時点では中間進捗報告を，期間終了時には最終報告を，それぞれ実習指導者と実習コーディネータに提出しなければならない。もう一つユニークな試みとして，実習プロジェクトの概要と自己評価をわかりやすく示すポスターまたはウェブサイトのような視覚コンポーネントの作成が学生に義務づけられている。ポスター（視覚プレゼンテーション）のガイドラインでは，用紙や文字のサイズ，使ってもよい色の数，含めるべき内容などがこと細かに決められている。

　このほか，任意ではあるが大学が強く推奨しているものに，日誌（journal）がある。この目的は，現場での観察と割り当てられた作業，疑問に思ったことや反省を記録することによって，実習生がそれらを各種の報告の執筆に役立てることである。

　学生の評価は実習指導者と実習コーディネータが行い，実習機関の指導者による評価は，学生の報告類と現場でのパフォーマンスに基づく。評価項目には，プロジェクトの目標の完成，専門的活動への参加，作業の質，専門的なスキルの獲得，実習指導者との関係，他の職員との関係，コミュニケーションスキルなどがあり，それぞれを「優秀」から「不適切」の5段階で評価する。

　実習コーディネータは，実習指導者の評価に加えて，ポスター／視覚コンポーネントを含む学生の報告類に基づいて合否を判定することになっている。

(5) その他の大学の図書館実習
① ブライトン大学の図書館実習[22]

　ブライトン大学は，ロンドンに近いブライトンやイーストボーンなど5つのキャンパスで学生約23,000人が学ぶ大学である。19世紀中ごろに美術学校として出発し，長い年月をかけて教育内容を広げるとともに，カレッジ，ポリテクニックへと成長・発展し，1992年に大学となった。

　この大学のコンピューティング・数理・情報研究スクールに，CILIPによって認定されているマスターレベルの図書館学コースがある。フルタイムの学生はこれを通常12か月で修了し，パートタイムの学生は3年で修了するが，2年で修了することも可能になっている。これらの学生は6つのモジュールを研究し，夏に必修科目としての実習／プロジェクトを行う。

実習／プロジェクトは，学生がコースの間に学んだ技術と知識を実務環境に適用する機会を与えるものである。研究プロジェクトはしかるべき実習機関の文脈の中で行われるため，プロジェクトの実施過程には，常に学生と接触を保つ指導者があてがわれる。指導者は研究テーマを決めるにあたって学生の相談にのり，プロジェクトの結果を論文として仕上げる手助けをする。

　実習／プロジェクトは，フルタイムの学生の場合7月から9月に600時間をかけて，パートタイムの学生の場合はその3年目を通じて，受入機関内で行う。このプロジェクトはマスターの学位を得たいと望む者にとって基本部分であると同時に，専門職団体の要請に応えるものでもある。

　学生は図書館や情報機関において日常生活を送りながら，プロジェクトによって，実習先がかかえる現実問題を解決するいとぐちを見出すための経験をする。プロジェクトの具体例としては，提案されている新サービスの実行可能性の調査，新技術の開発と採用の提案，情報ユニットの効率性の分析などがある。実習／プロジェクトの評価は，学位論文または学位論文に匹敵すると認められる製作品と報告書を中心に行われる。

② ロバート・ゴードン大学の図書館実習[23]

　ロバート・ゴードン大学はスコットランドのアバディーンにある大学で，ここではその情報・図書館研究の修士課程において実習が組み込まれている。この修士課程は40年以上にわたる歴史をもち，卒業生は伝統的な図書館から情報の管理・研究にいたるさまざまな部門で活躍している。フルタイムの通学生は3セメスターからなる1年間でコースを修了し，パートタイム生と遠隔学習生は3年間で修了する仕組みになっている。

　専門実習（professional fieldwork placement）は必修科目で，フルタイムの学生の場合は，全8モジュールのうちの7モジュールの教育を終えた後，4月に4週間（作業日は20日間）にわたって行う。実習先としては公立図書館，大学図書館のほかにスコットランド国立図書館や英国図書館（BL）の録音アーカイブなどもある。この学科は図書館情報学以外のさまざまな分野の実習を手助けするアバディーンビジネススクールの実習事務室と強いきずなで結ばれており，スクールが学生のために適切な実習先を紹介する仕組みになっている。

③ フンボルト大学の図書館実習[24]

　フンボルト大学ベルリンの図書館情報学部では，学士課程と修士課程の実習がいずれも必修である。学士課程では第2学期と第3学期の間の休暇中に実習を終了させるスケジュールを立てるようになっている。休暇中に実習を行うのは，それが約7週間に相当する300時間というかなり長期にわたるものであるため，学期中であると学生が他の必修の授業に出席できなくなるからである。

　実習のおもな目的は，実務経験をとおして専門のスキルを試し，授業で得た概念と理論を検証することである。そのため，実習生受入機関において情報専門職と利用者との相互関係を経験し，図書館や情報センターの社会的位置づけ，そのコミュニティ，機関内の職員の管理などを理解し，チームワークの概念を実体験によって了解すること，などが学生

の目標として設定されている。

　大学は実習先として特定の機関やパターンを勧めてはいない。図書館，学習センター，アーカイブ，情報サービスプロバイダーをはじめ，出版社や書店なども実習先として認められているのである。実習先は学生が適当な機関を選んで申し込み，図書館情報学課程の承認を受けて決まる。そのため，学生の実習経験は多様であり，実習に対して学生が支払いを受けるか否かについては，大学は関知しない。

　大学が焦点となる事項としてあげている実習の内容には，レファレンスサービス，抄録と索引の作成，目録の作成，利用者の情報リテラシーの訓練，データベースのプログラミング，ウェブページの設計，ビブリオメトリックスの研究などがある。

　実習生は実習を通じて活動日誌を記録するよう推奨されているほか，終了後2か月以内に少なくとも5ページの実務訓練評価報告書を実習担当教授に提出しなければならない。

　なお，実習の終了にあたって，実習機関は図書館情報学部あてに学生の実務訓練完了を証明する「実習証明書」を発行する。

④　ケープタウン大学の図書館実習[25]

　ケープタウン大学は，1829年に高等学校として創設され，カレッジをへて1918年に正式に大学となった南アフリカ共和国最古の大学で，6つの学部で約25,000人の学生が学んでいる。

　この大学の図書館実習は情報・図書館研究学科で行われ，その図書館情報学ディプロマは，図書館や情報機関で職業生活を送りたいと望む大学卒業生のための1年間の課程によって基礎資格を与えるものである。

　12のコースからなるカリキュラムの一つに実習がある。原則として学生は図書館や資源センター，情報サービス機関で少なくとも3週間，週に最低36時間を過ごして実務経験を積まなければならないが，以前に有資格の図書館員の指導を受けながら実務経験をしたことが証明できれば，実習免除で単位を与えられる。

　実習を終えた学生は，大学で教わった理論がどのように実務に反映されているかを示すレポートを提出し，とどこおりなく実習を終えたこととあわせて評価を受ける。

⑤　国立情報図書館科学高等学院の図書館実習[26]

　フランスでは大学や図書館員養成センターなどでも初級・中級レベルの司書教育を行っているが，図書館先進諸国の大学院レベルに匹敵する高等情報専門職教育を引き受けているのは国立情報図書館科学高等学院である。ここはENSSIB（正式にはÉcole nationale supérieure des sciences de l'information et des bibliothèques）の略称で呼ばれており，1964年パリに設立された国立高等図書館員学校が1992年にリヨン近郊のヴィユルバンヌに居を移して現在の名称となったものである。

　このENSSIBには3種類の教育課程があり，その第1は上級司書（conservateur des bibliothèques = DCB）として仕事につくための18か月間にわたる初期教育である。対象となる学生は，外部試験の合格者あるいは図書館等で一定年数の公共サービスを経験した者であ

る。就学中，学生は授業料を払うことなく，逆に研修公務員として俸給を支給されることになっている。第2は大学院修士レベル（マスター）の専攻教育で，リヨン大学や北パリ大学と協力して，情報図書館科学，文書とイメージの文化，図書館・ドキュメンテーション政策，電子出版，電子アーカイブの5つの専攻を用意している。第3は図書館や情報センターで就業中の職員のための継続教育と遠隔教育である。

DCBの資格を得るための図書館実習は4種類あり，第1の「発見実習」は仕事の環境と上級司書の任務を知ることを目的とし，3～4週間の日程で行われる。第2は実際に上級司書の仕事に従事する「専門実習」で，期間は4か月である。第3は明確かつ具体的なプロジェクトを5人のグループで実行する「プロジェクト実習」で，4か月にわたって週におよそ1日を費やす。第4は「深化実習」と名づけられた実習で，上級司書の諸側面および図書館界をとりまく環境にかかわる専門的な実習をめざし，期間は3週間である。実習の評価は，第1から第4の順に，レポートの提出，受入機関による評価，報告書と集団公開審査，評価なし，である。

マスター課程の学生には，すべての専攻で第4セメスターに2種類の実習が課せられる。連続する16週間の「専門実習」と，5人のグループで4か月にわたり週におよそ1日を費やす「プロジェクト実習」である。

（6） 事例にあらわれた特徴（まとめに代えて）

わずかな事例によって外国の図書館実習の傾向や特徴をうんぬんすることははなはだ危険であるため，ここでは，これまで紹介してきた事例に共通すると同時に，わが国ではまれであると思われる事項をいくつか抽出するにとどめる。

① 事例の多くで，実習を始める前に，実習を希望する学生と受入機関とが実習の内容などについて話し合っている。また，実習を指導する学部等の教員がこの話合いの結果を承認する形をとる例や，話合いに加わる形をとる例もある。日本の図書館実習ではこのような例が少なく，逆に実習内容を実習生の受入図書館にほぼ一任するのが一般的である。手間と時間はかかるが，実習内容の決定は学生，指導教員または実習担当教員，受入図書館の担当者があらかじめ何らかの協議をする方式が望ましいであろう。

② 事例の多くが，実習先を公共図書館に限定せず，大学図書館や学校図書館，国立図書館，専門図書館，その他の機関などをも実習先としている。日本の図書館実習が圧倒的に公立図書館で行われることが多いのは，図書館法の規定によって公共図書館の専門的職員を司書および司書補としている関係上いわば当然であるのに対し，外国における情報専門職の養成は図書館の館種を（学校図書館の専門職を別のカリキュラムで養成する国はめずらしくないが）限定しないのが一般的であり，実習もその文脈の中にある。

ただし，日本の司書有資格者が，公共図書館以外の館種でもしばしば図書館の専門職員として就業している実態を考えるならば，この状態をあらためる必要がないということには必ずしもならないだろう。

③ 事例のほとんどで，実習中の学生が図書館の通常の業務やサービスを経験するほか，（名称はさまざまだが）内容の一部としてプロジェクトの実行が加えられている。その多くは，学生が関心をもつとともに，実習生の受入機関が現実に課題としているテーマ・事項をとりあげるものとしている。

この種の試みを行うのは，課題解決に挑戦することによって情報専門職候補者としての実習生の能力を伸ばし，実習生が実習先の負担になるだけでなく，少しでも受入機関に貢献することを期待する意味合いがあるものと思われる。

④ 事例で明らかになった実習時間のうち最も短いのはイリノイ大学の100時間で，長いものではフンボルト大学の300時間，ブライトン大学の600時間というのがある。また，カーティン工科大学のように学部学生が1年次と3年次の2回にわたって実習を行う例や，フランスの国立情報図書館科学高等学院のように「発見実習」から「深化実習」まで4種類の実習を用意している例もある。

このように，事例で見る限り，外国の図書館実習は日本とくらべて明らかに実習にあてる時間が多く，したがって期間も長くなっている。そのため，長期・長時間にわたって大学に通えなくなる不都合を解消するために，「大学の休暇中に実習を行う」とか，「学期中の場合には週に1日または2日だけ実習に出かける」などといった工夫がなされている。

注・参照

(1) Guidelines for professional library/information educational programs – 2012 / by Kerry Smith, Gillian Hallam and S.B. Ghosh on behalf of IFLA's Education and Training Section（4th rev. draft）〈http://www.ifla.org/publications/guidelines-for-professional-libraryinformation-educational-programs-2012〉（accessed 2013.1.8）

(2) World guide to library, archive and information science education, 3rd new and completely rev. ed. / edited by Axel Schniederjurgen（IFLA publications, 128-129）（München, K. G. Saur, 2007）

(3) European curriculum reflections on library and information science education / edited by Leif Kajberg and Leif Lorring（Copenhagen, The Royal School of Library and Information Science, 2005, p. 233）

(4) イェンス・ボイェ「ドイツの司書教育」（『現代の図書館』43(1), 2005.3, pp. 15-25）

(5) Characteristics of German library science / by Wolfgang Ratzek（Proceedings of the Asia-Pacific Conference on Library & Information Education & Practice, 2006, p. 508）

(6) 山形八千代「フランスの司書養成教育」（『現代の図書館』43(1), 2005.3, p. 6）

(7) 浜口美由紀「スペインの図書館情報学教育について」（『現代の図書館』43(1), 2005.3, p. 10-11）

(8) Library and information science education：is there a Nordic perspective? / by Ragnar Audunson（World Library and Information Congress：71st IFLA General Conference and Council, 08 June, 2005）

(9) Current educational trends in the information and library science curriculum / by Karen Markey（Journal of education for library and information science, v. 45, no. 4, fall 2004）

(10) Guidelines for practices and principles in the design, operation and evaluation of student field experiences / by ALISE, adopted June 1983, reaffirmed Oct. 14, 1990〈http://www.alise.org/index.php?option = com_content&view=article&id=49〉（accessed 2011.8.14）

(11) The practicum in the library and information science curriculum：a Latin American overview / by Mónica Arakaki and Aurora de la Vega〈http://conference.ifla.org/sites/default/files/papers/ifla77/110-arakaki-en.pdf〉（accessed 2011.8.9）

（12） Educating 21st century LIS professionals –needs and expectations / by R. S. R. Varalakshmi（Journal of education for library and information science, v. 47, no. 3, Summer 2006）

（13） A survey of the schools of library and information science in the GCC member nations / by Sajjad ur Rehman, Husain Al-Ansari and Nibal Yusuf（Education for information, no. 20, 2002, p. 22-23）

（14） Library and information science education in the Republic of Korea / by Young Ai Um.（SET bulletin, vol. 7, no. 1, Jan. 2006, p. 19）

（15） http://www.alia.org.au/education/courses/criteria.html（accessed 2011.8.14）

（16） Training for library and information studies : a comparative overview of LIS education in Africa / by Dennis N. Ocholla（Education for Information, 18, 2000, p. 39, 42）

（17） 以下の事例はほとんどすべて，それぞれの情報専門職養成機関が公開しているウェブサイト上の情報をわかりやすく再構成したものである。

（18） http://www.lis.illinois.edu/academics/practicum（accessed 2011.4.17）

（19） http://humanities.curtin.edu.au/schools/MCCA/information_studies/practicum_student（accessed 2011.4.17）

（20） Internships in LIS education in Groningen / by Gerda van der Molen（Textos universitaris de biblioteconomia i documentació, 19, 2007.12）〈http://www.ub.edu/bid/19vande2.htm〉（accessed 2011.4.17）

（21） http://mcgill.ca/sis/practicum（accessed 2011.4.17）

（22） http://courses.brighton.ac.uk/schools/index.php?school=cem&cnum=274（accessed 2011.4.26）

（23） http://www4.rgu.ac.uk/abs/postgraduate/page.cfm?pge=5353（accessed 2011.4.17）

（24） http://ibi.hu-berlin.de/studium/direktstudium/bachelor/bapraktinfos/faqprakt（accessed 2011.4.27）

（25） http://www.ched.uct.ac.za/departments/cil/（accessed 2011.4.27）

（26） http://www.enssib.fr/ecole/offre-de-formation/formation-initiale（accessed 2011.5.6）

公立図書館における図書館実習受け入れの現状
－公立図書館の図書館実習に関するアンケート結果（単純集計）速報版－

2010年8月6日現在

　このアンケートは，前回の調査で2008年度もしくは2009年度に図書館実習を受け入れた（受け入れる予定を含む）と回答した公立図書館を対象に，2010年4月に行った。

回収率

アンケート用紙送付数	320
回答数	254
回収率	79.4%
有効回答数（白紙の回答を除いて）	252
有効回答回収率	78.8%

質問1　受け入れる実習生に条件がありましたか（出身・居住地，所属大学など）。

選択肢	回答数	割合（％）
1：ある	92	36.5
2：ない	160	63.5
無回答	0	0.0
合　計	252	100.0

質問2　受け入れる実習生に条件があった場合，それは何ですか。（複数回答可）

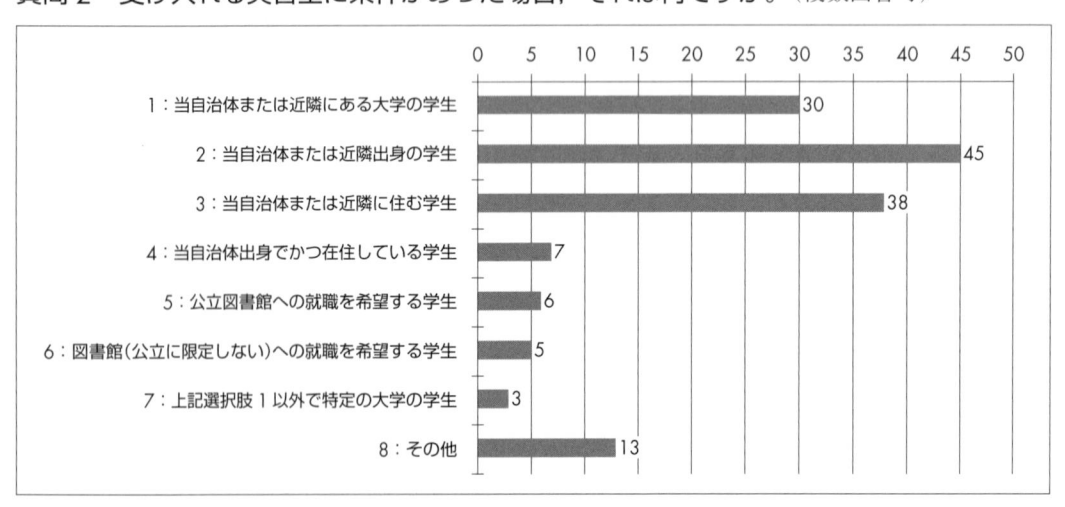

選択肢	回答数
1：当自治体または近隣にある大学の学生	30
2：当自治体または近隣出身の学生	45
3：当自治体または近隣に住む学生	38
4：当自治体出身でかつ在住している学生	7
5：公立図書館への就職を希望する学生	6
6：図書館（公立に限定しない）への就職を希望する学生	5
7：上記選択肢1以外で特定の大学の学生	3
8：その他	13

注：質問1で「2：ない」と回答したのに，質問2で回答した館があった。

質問3　実習生を受け入れた月はいつですか。○で囲んでください。（複数回答可）

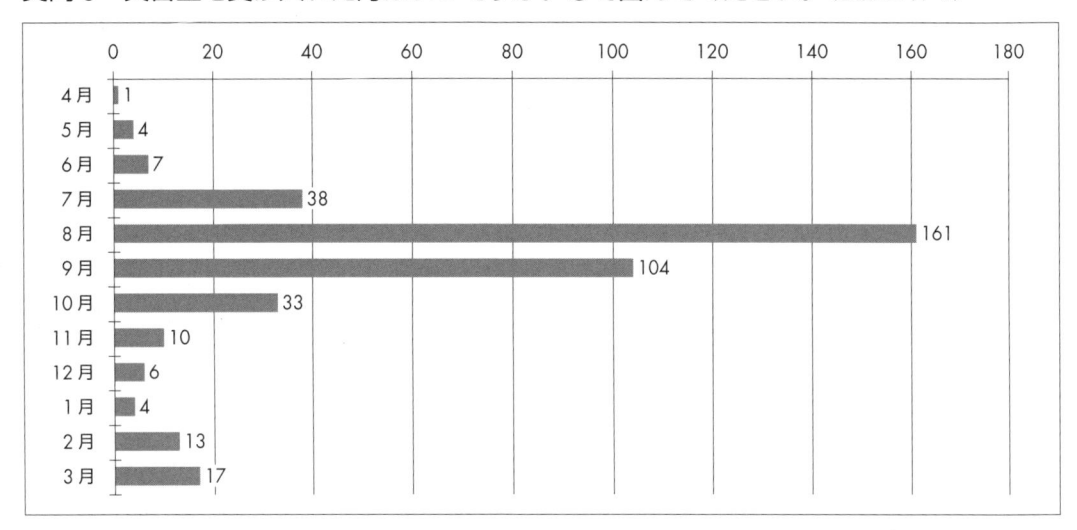

月	件数
4月	1
5月	4
6月	7
7月	38
8月	161
9月	104
10月	33
11月	10
12月	6
1月	4
2月	13
3月	17

注：無回答3を除く。

質問4　実習生の受入れが可能な月はいつですか。○で囲んでください。（複数回答可）

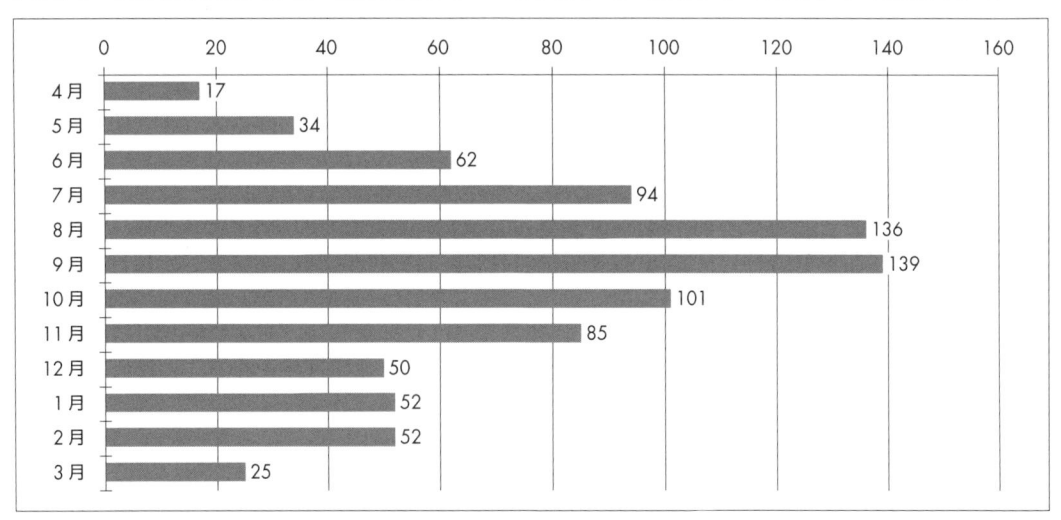

月	件数
4月	17
5月	34
6月	62
7月	94
8月	136
9月	139
10月	101
11月	85
12月	50
1月	52
2月	52
3月	25

注：その他35，無回答12を除く。
注：「その他」には，次のような記述が目立った。
　　①7～8月（または夏休み）を除く
　　②年度の変り目（または3～4月）を除く
　　③特別整理期間（または行事）を除く
注：回答中，○印は8～9月が最も多かった反面，上記①のような記述も少なくなかった。

質問5　受け入れた実習生の人数とその大学名をお答えください。（複数回答可）

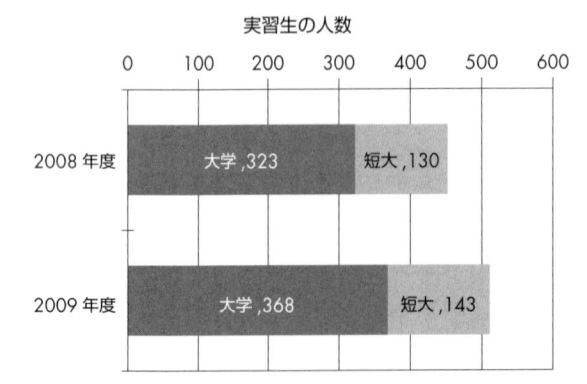

年度	大学	短大	合計
2008年度	323	130	453
	71.3%	28.7%	100.0%
2009年度	368	143	511
	72.0%	28.0%	100.0%

注：人数を記入しない回答もあった。

注：大学名として62大学，22短期大学の名前が挙げられた。

質問6　実習した日数は，実習生の休日を除いて何日でしたか。（複数回答可）

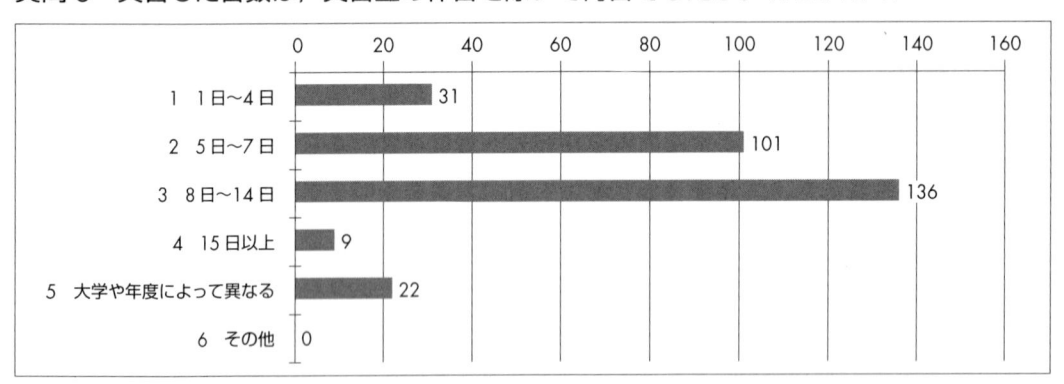

1　1日～4日　31
2　5日～7日　101
3　8日～14日　136
4　15日以上　9
5　大学や年度によって異なる　22
6　その他　0

質問7　実習の内容は大学（指導教員）や実習生と相談して決めましたか。（複数回答可）

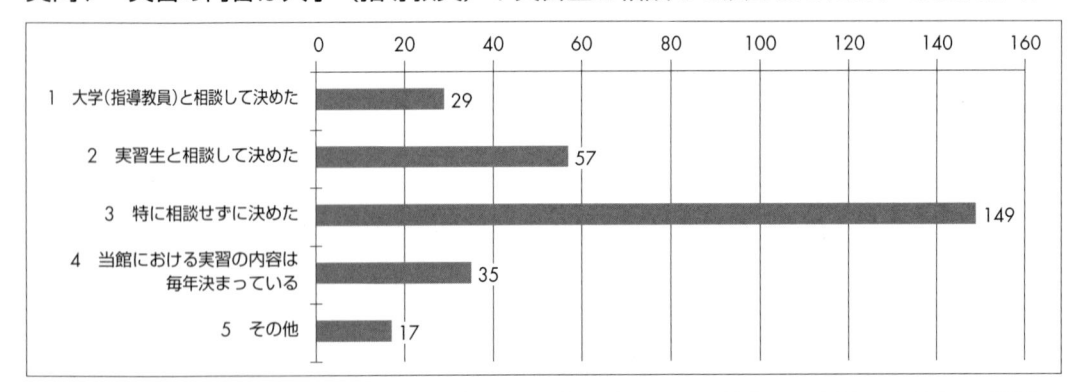

1　大学（指導教員）と相談して決めた　29
2　実習生と相談して決めた　57
3　特に相談せずに決めた　149
4　当館における実習の内容は毎年決まっている　35
5　その他　17

注：複数の実習生（1大学または複数大学）を同時期に受け入れる場合は，大学や実習生の要望をすべて取り入れにくいはず。選択肢3や4が多くなるのはやむを得ないだろう。

質問8　実習生を指導されたのは，どのような方でしょうか。（複数回答可）

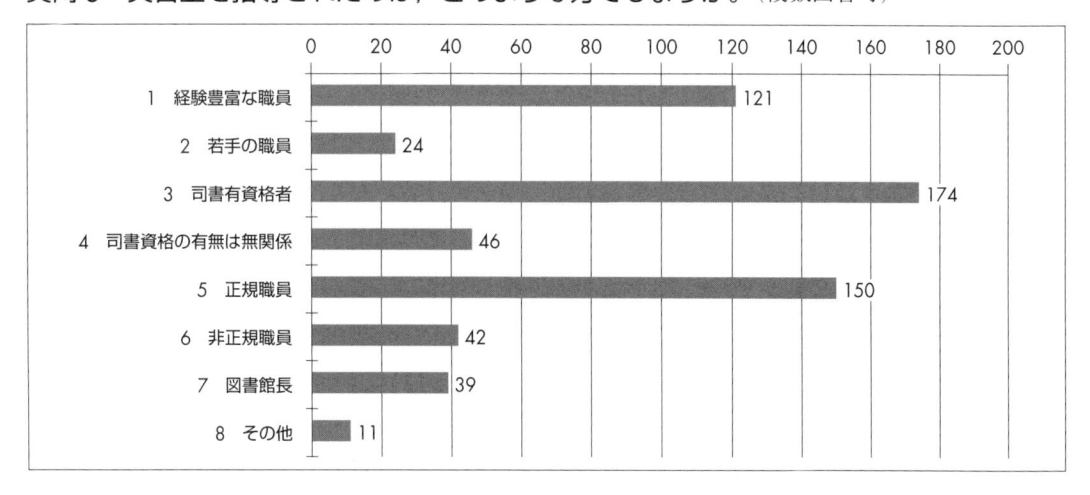

選択肢	回答数
1　経験豊富な職員	121
2　若手の職員	24
3　司書有資格者	174
4　司書資格の有無は無関係	46
5　正規職員	150
6　非正規職員	42
7　図書館長	39
8　その他	11

質問9　実習に関するマニュアル・計画書またはそれに類する文書はありますか。

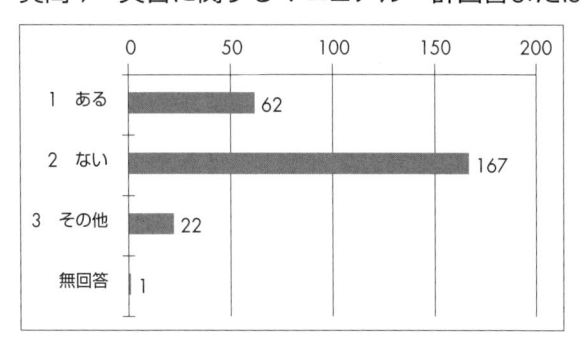

選択肢	回答数
1　ある	62
2　ない	167
3　その他	22
無回答	1

注：他の質問と比べて「3　その他」の回答が多いが，その記入は
A．日程表・計画表・予定表・スケジュール表などがあるだけ
B．年度ごとに内容を決める
といったもの。

関連質問　私たちは，これから実習の受入れ・実施を考える図書館や大学に役立つ実習モデルないしはマニュアルを作ろうと考えております。つきましては，実習に関するマニュアルまたはそれに類する文書等をお持ちの場合，私たちがお願いすればお送りいただけるでしょうか。

選択肢	回答数
送ることができる	43
送ることはできない	集計せず

質問10　実習の内容について教えてください。選択肢1～4については，実施したものはかっこの中に○を書いてください。

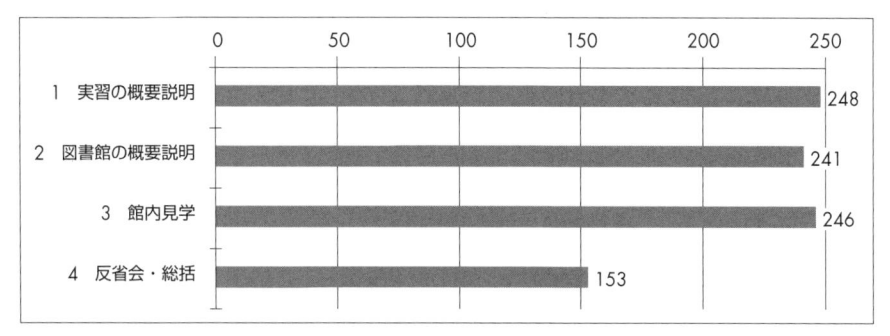

選択肢	回答数
1　実習の概要説明	248
2　図書館の概要説明	241
3　館内見学	246
4　反省会・総括	153

質問11 選択肢5～20については実習生に説明したり，見学させたりしたものはかっこの中に○を，実際に作業や演習をさせたものには◎を書いてください。選択肢以外のものは，「21．その他」に具体的にご記入ください。（複数回答可）

（選択肢5～20の○）

項目	件数
5 資料の選定	117
6 受入・装備	71
7 目録・分類	91
8 除籍・廃棄作業	59
9 開館準備・閉館準備	62
10 資料排架や書架整理	59
11 カウンター業務	55
12 予約やリクエストの処理	95
13 レファレンスサービス	103
14 おはなし会・読み聞かせ	110
15 学校図書館との連携	74
16 障害者サービス	86
17 行事	103
18 広報活動	79
19 相互貸借	94
20 移動図書館	33
21 その他	13
○なし（◎のみ）	26

（選択肢5～20の◎）

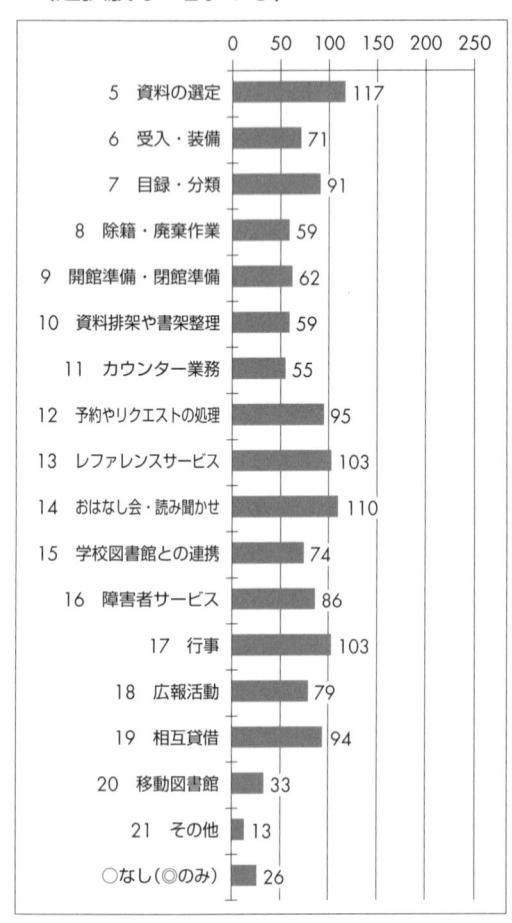

項目	件数
5 資料の選定	31
6 受入・装備	164
7 目録・分類	71
8 除籍・廃棄作業	50
9 開館準備・閉館準備	154
10 資料排架や書架整理	191
11 カウンター業務	188
12 予約やリクエストの処理	102
13 レファレンスサービス	91
14 おはなし会・読み聞かせ	101
15 学校図書館との連携	24
16 障害者サービス	11
17 行事	69
18 広報活動	16
19 相互貸借	63
20 移動図書館	70
21 その他	13
◎なし（○のみ）	53

傾向：半数を大きく超える図書館が○印をつけている項目がない反面，ほとんどの項目が25％以上の図書館によって○印をつけられている。

注：「その他」の具体例
分館での1日仕事体験，資料展示の企画，電算管理，庶務（2件），ボランティア活動の説明と見学（2件），高齢者施設の催しに参加，点字指導，図書館体験ツアー，閉架書庫の整理，図書室巡回，各種データベースの使い方，特設コーナーの設置，職員研修会への参加，思い出語りの会に参加，月次統計

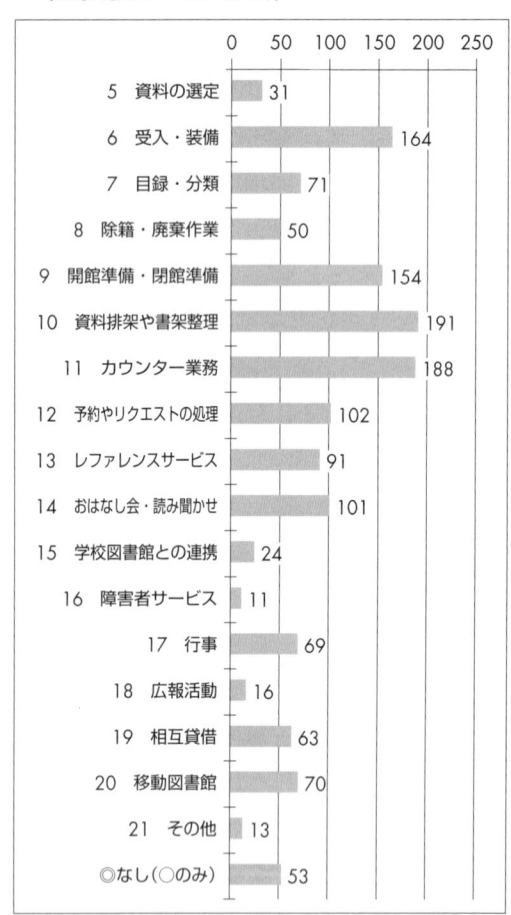

注：全体の21％が◎なしという回答だったのは意外。質問の方法が複雑だったかもしれない。
傾向：資料排架・書架整理がほとんどすべての図書館で。カウンター業務も同様。次に多かったのは受入・装備と開館・閉館の準備。

注：「その他」の具体例
本の洗浄液作成，図書の回送，児童資料（絵本の）紹介文作成，新聞整理，曝書業務，パネルシアター制作・実演，季節の壁飾り作成，配本所への配本と準備，新聞記事クリッピング，図書の修理，館内設営

質問12　実習生の評価（意見・感想を含む）を大学に報告されましたか。（複数回答可）

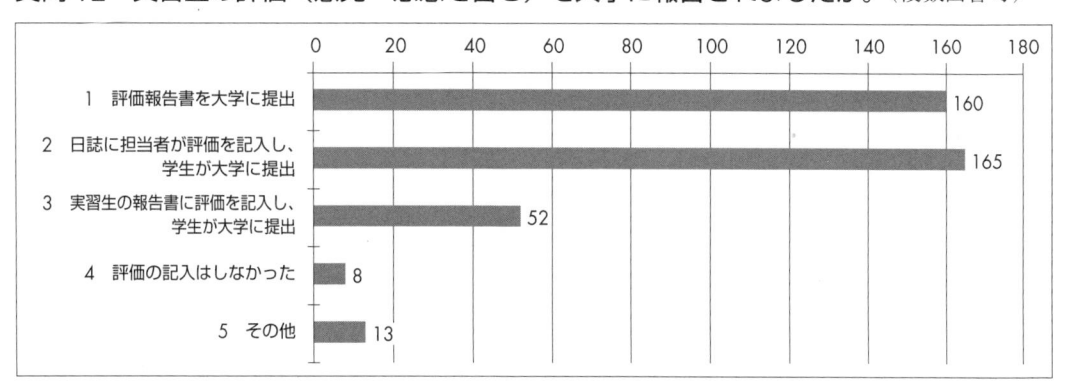

選択肢	件数
1　評価報告書を大学に提出	160
2　日誌に担当者が評価を記入し、学生が大学に提出	165
3　実習生の報告書に評価を記入し、学生が大学に提出	52
4　評価の記入はしなかった	8
5　その他	13

傾向：ほぼ3分の2の図書館が，選択肢1と2か，1または2。
注：「その他」の13件中，7件は「大学所定の書式に記入」して大学へ提出。

質問13　実習におけるトラブルにはどのようなものがありましたか。（複数回答可）

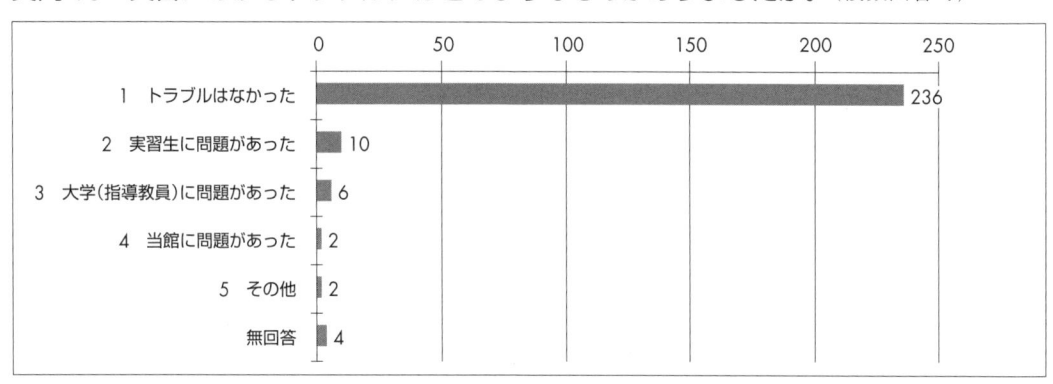

選択肢	件数
1　トラブルはなかった	236
2　実習生に問題があった	10
3　大学（指導教員）に問題があった	6
4　当館に問題があった	2
5　その他	2
無回答	4

傾向：ほとんどの図書館で問題はなかったが，大学の問題は事務的なもの，学生の問題は学力，意欲，態度，連絡不十分など。図書館の問題は負担感（他の設問の回答にも見られる）。

具体例（実習生の問題）
　本人の忌引により日程未終了。事前連絡なく欠席。基礎知識が不十分。実習生に意欲なく，徒労に終わった経験あり。急な依頼で，事務的な不都合発生。実習中に使用した図書の未返却。実習予定の日に来なかった。実習を受ける態度に問題。実習態度に問題。実習生の体調不良で実習取消し。

具体例（大学の問題）
　文書の送付が問い合わせるまで遅延。大学の事前連絡が不十分。5日間では十分な実習ができない。大学の対応が遅く，事務処理に不都合。大学からの連絡が不足。先方の都合で日程が容易に決まらず。

具体例（図書館の問題）
　人員不足で十分に説明する余裕なし。職員に負担感あり。

具体例（その他のうち1件はトラブルとは言えないもの）
　大変熱心な学生で，9月に臨時職員。希望により実習日が土日のみで，業務多忙のため十分な指導できず。

質問 14　実習生を受け入れる動機やメリットと考えていることは何ですか。（複数回答可）

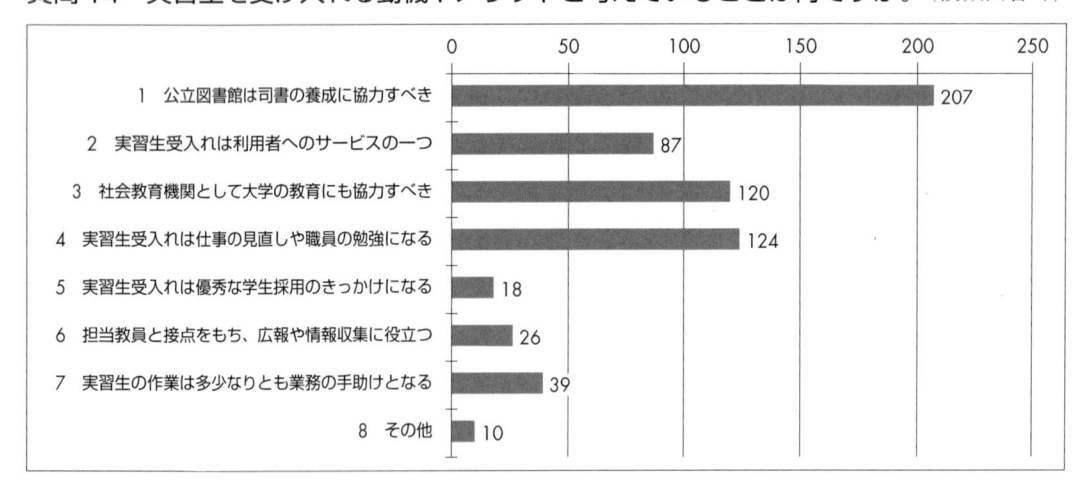

	件数
1　公立図書館は司書の養成に協力すべき	207
2　実習生受入れは利用者へのサービスの一つ	87
3　社会教育機関として大学の教育にも協力すべき	120
4　実習生受入れは仕事の見直しや職員の勉強になる	124
5　実習生受入れは優秀な学生採用のきっかけになる	18
6　担当教員と接点をもち、広報や情報収集に役立つ	26
7　実習生の作業は多少なりとも業務の手助けとなる	39
8　その他	10

傾向：最も多かった回答は選択肢1で8割以上，次いで多かったのは選択肢の4と3でほぼ回答館の半数，自治体内の学生を受け入れる例が多いためか，利用者サービスの1つだという回答も3分の1に達した。

注：「その他」の記述には次のようなものがあった。
①図書館業務に対する理解を深めてもらえる。図書館業務と生涯学習への理解を深める場の提供。
②自区内の大学との連携の一環。
③住民ニーズに応える。市民または市民の子弟へのサービス。町民サービスの一環。
④社会を見るきっかけ。
⑤実習生の周囲への波及効果を期待。
⑥司書課程教育の向上を図る。

質問 15　実習についてのお考えやご感想があればお書きください。

　　58自治体の59件の回答中，肯定的・前向きな意見・感想が26件，大学や実習生に対する要望・苦情・疑問が21件，その他の意見・感想が13件（1回答で2つの意見があり，合計60となる。）。

調査結果から

1) 実習生の受け入れの条件について，質問1では条件がないと答えた図書館からも，質問2への回答があった。そのため，実際には条件がない図書館は質問1の63.5％より少ないと考えられる。ちなみに，条件は図書館のある自治体に大学がある，学生が住んでいる，学生がその自治体の出身であるなどが多い。これは質問14の回答と合わせ，実習受け入れが利用者へのサービスの一つであるという図書館側の意識の表れであると思われる。

2) 図書館が実習を受け入れた月は8月，9月が多いが，図書館側はその前後の月も受け入れが可能だと回答している。ただし，年度の変わり目は受け入れにくいようである。

3) 図書館が受け入れた実習生の人数は，2008年度の合計が453名，2009年度が511名である。人数の記述がない回答もあるので実際にはもう少し多いと考えられる。大学名は大学・短大あわせて84校があがった。2年分を合わせたものにしても，予想よりもは

るかに多い。2007年度の司書課程を対象とした調査では43校の名前があがっていたが，回答の回収率が低かったため，実際には今回の数字程度は実施されていた可能性が高い。2008～2009年度の間に公立図書館に実習生を送った大学・短大が84校もあり，964名以上の学生が実習したという点に注目したい。

4) 実習の日数は1週間（5～7日）もしくは2週間（8～14日），実習内容は図書館側が決めるという結果は，司書課程を対象にした調査の結果と同じであった。なお，実習のマニュアル・計画書がある図書館は約4分の1である。

5) 実習生の指導にあたっているのは，司書有資格者，正規職員，経験豊富な職員の順に多い。複数回答可であるが，図書館側が指導にあたる職員の条件として考えているのがこの3点だといえる。

6) 実習の内容については，実習生に説明もしくは見学させる業務と，実際に作業や演習をさせる業務がある。実習期間が1～2週間しかないので，図書館側は業務を選んで実習させているのであろうし，実習生に説明はできても実際に作業させるのは難しい業務もあるだろう。たとえば資料の選定や障害者サービス，広報活動などは説明できても，実際に作業させるには難しい。実習生に作業の結果の責任を負わせることができるのかという点からも実習させにくいのだろう。実際に作業させているのは資料排架や書架整理，カウンター業務，受入・装備，開館準備・閉館準備が多い。これらの作業は，図書館職員が横について説明したり，実習生の作業をフォローしたりしやすいものではないだろうか。

7) 実習生の評価は報告書や実習日誌への記入の形で大学に出されている。これは，司書課程を対象とした調査の結果で，学生はレポートまたは日誌の提出，実習先からは実習内容の報告と実習生の評価をもらうことが多かったので，その裏づけとなる。

8) 実習においてトラブルが少ないというのも，司書課程を対象とした調査の結果を裏づけている。司書課程側では29校のうち20校はトラブルについて無記入，「特になし」，「具体例なし」だったが，今回の調査でも93.7%がトラブルはなかったと回答している。

9) 実習生受入のメリットや動機については，「学生の採用のきっかけになる」が少ないのは，採用自体が少ない図書館現場からの本音なのだろう。「実習生の作業は多少なりとも業務の手助けとなる」の回答が39で，これは全体の15.5%で予想より多かった。

（2010年9月に開催された近畿地区図書館学科協議会において報告を行った際の資料）

おわりに

　私たちが共同研究を始めたのは，2005年12月に開かれた近畿地区図書館学科協議会がきっかけでした。この協議会には近畿地区を中心として約70の司書課程をもつ大学・短期大学が加盟し，年に1回，司書課程の教員たちが集まり，研究発表や情報交換を行っています。その席において，大学図書館職員の採用試験実施状況の把握について問題提起がなされ，その調査のために，私たちは有志で実態調査グループを結成しました。

　当初の調査活動の目的は，司書課程の学生たちの大学図書館への就職の可能性を探ることでしたが，アンケートへの大学図書館からの回答によって，採用には，①図書館の実務経験，②コミュニケーション能力，③専門分野の知識が，ほぼ等分に重視されていることが分かりました。この結果が，私たちを次の研究へ進ませたのでした。

　司書課程の学生たちには，当然，図書館での実務経験がなく，コミュニケーション能力と言われても，彼らには何を要求されているか具体的にはわかりません。では，実務経験とコミュニケーション能力を学生に身につけさせるにはどうしたらよいのか。その答えが図書館実習でした。

　私たちは大学・短期大学の司書課程と公共図書館とを対象に，いくたびか図書館実習の実態調査を進めました。その経過については，本書7ページにある注・参照の(1)をご覧ください。

　なお，本書が質疑応答形式部分を中心とし，図書館実習に関係する3者（司書課程，公共図書館，学生）にくまなく目配りした形になったのは，日本図書館協会出版委員会の皆さまの貴重なアドバイスによります。記して謝意を表する次第です。

2013年4月吉日　著者一同

著者紹介

川原亜希世（かわはら　あきよ）
所　　属：近畿大学准教授
主担当：第 2 章第 2 節（司書課程教員編）・第 3 章（サンプル編）
　　　　第 4 章（公立図書館における図書館実習受け入れの現状）

中道　厚子（なかみち　あつこ）
所　　属：大阪大谷大学教授
主担当：第 2 章第 1 節（関係者共通編）・第 3 章（サンプル編）

前川　和子（まえかわ　かずこ）
所　　属：大手前大学教授
主担当：第 2 章第 3 節（司書課程学生編）・第 2 章第 4 節（公立図書館編）

横山　　桂（よこやま　かつら）
所　　属：前・京都産業大学客員教授
主担当：第 1 章（専門職養成教育と実習）
　　　　第 4 章（諸外国における図書館実習の実施状況といくつかの事例）

（イラスト　中本雅之）

EYE LOVE EYE

> 視覚障害者その他活字のままではこの本を利用できない人のために,日本図書館協会及び著者に届け出る事を条件に音声訳(録音図書)及び拡大写本,電子図書(パソコンなど利用して読む図書)の製作を認めます。但し,営利を目的とする場合は除きます。

図書館実習 Q&A

2013 年 4 月 25 日　初版第 1 刷発行 ⓒ
2015 年 4 月 10 日　初版第 2 刷発行

定　価　本体 1600 円（税別）

著　者　川原亜希世・中道厚子・前川和子・横山桂
発行者　公益社団法人　日本図書館協会
　　　　〒104-0033　東京都中央区新川 1-11-14
　　　　Tel 03-3523-0811　Fax 03-3523-0841
印　刷　㈲マーリンクレイン　㈲吉田製本工房

Printed in Japan
JLA201503　ISBN978-4-8204-1302-8
本文の用紙は中性紙を使用しています。